MANUAL DO ESTUDANTE DE DIREITO

Agora eu vou fazer Direito!

MANUAL DO ESTUDANTE DE DIREITO

Juliana Medeiros

1ª EDIÇÃO
2019

Agora eu vou fazer Direito!

VITAL
VITAL EDITORA E PRODUTORA

Todos os direitos reservados
Copyright © 2019 by Editora Vital

Direção Editorial
Silvia Vasconcelos
Produção Editorial
Equipe Editorial Pandorga
Preparação e Revisão
Ludmila Bortolozo
Diagramação
Cristiane Saavedra I CS EDIÇÕES
Capa
Gisely Fernandes I CS EDIÇÕES

Texto de acordo com as normas do Novo Acordo Ortográfico da Língua Portuguesa (Decreto Legislativo nº 54, de 1995)

Dados Internacionais de Catalogação na Publicação (CIP)
TuxpedBiblio (São Paulo - SP)
Ficha elaborada por: Pedro Anizio Gomes CRB-8 8846

M488m   Medeiros, Juliana
         Manual do estudante de Direito / Juliana Medeiros. –
1.ed. São Paulo: Editora Vital. Brasil, 2019.

        144 p.; 14 x 21 cm.

        ISBN: 978-65-80489-06-0

        1. Direito 2. Fontes do Direito 3. Leis 4. Terminologia
Jurídica I. Título II. Autora

CDD 340.44
CDU 340.113

Índice para catálogo sistemático:
1. Direito - Terminologia Jurídica
2. Direito: Terminologia Jurídica

2019
IMPRESSO NO BRASIL
PRINTED IN BRAZIL
DIREITOS CEDIDOS PARA ESTA EDIÇÃO À
EDITORA PANDORGA
RODOVIA RAPOSO TAVARES, KM 22
GRANJA VIANA – COTIA – SP
Tel. (11) 4612-6404
WWW.EDITORAPANDORGA.COM.BR

SUMÁRIO

INTRODUÇÃO 9

DO LIVRO 11

DO AUTOR 13

CAPÍTULO I: DO INÍCIO DA FACULDADE 15
    Tema 1: Da euforia à realidade 20
    Tema 2: Falar, ler, escrever e estudar juridicamente 28

CAPÍTULO II: DAS RESPONSABILIDADES 37
    Tema 1: Seu foco 40
    Tema 2: Profissionais do direito e futuros colegas
    de trabalho 46

CAPÍTULO III: DO ENGAJAMENTO NA FACULDADE 55
    Tema 1: Dos trabalhos de faculdade 57
    Tema 2: Do Centro Acadêmico e da Atlética 64

CAPÍTULO IV: DOS ESTÁGIOS 71
    Tema 1: Da busca por um estágio 74
    Tema 2: Das dificuldades dos estágios 80

CAPÍTULO V: DO FIM DA FACULDADE 89
    Tema 1: Da OAB e Do TCC 93
    Tema 2: Da tão esperada formatura e Do assustador
    mercado de trabalho 101

DAS ENTREVISTAS 107

DIREITO 110

OUTROS CURSOS 124

CONSIDERAÇÕES FINAIS 141

Dedico este livro aos meus queridos colegas de faculdade, que acreditaram no meu sonho mesmo nos dias difíceis.

E aos meus professores, que me fizeram apreciar a dialética com olhos brilhantes e ouvidos atentos.

INTRODUÇÃO

Todo estudante de direito precisa de um livro de cabeceira para ler antes de dormir, logo que acordar, no transporte público, numa fila de espera, nos corredores da faculdade ou no intervalo entre uma aula e outra.

Sendo assim, nada mais justo que tenha um livro que o ajude a sobreviver aos desafios da faculdade.

Este livro tem o objetivo de ajudar os mais recentes estudantes de direito e também aqueles que já estão desfrutando dos maravilhosos e conturbados momentos proporcionados por esse curso a conhecerem um pouco mais sobre o Mundo Jurídico e todas as suas aventuras.

Através deste manual, você irá conhecer e participar das minhas primeiras impressões sobre esse Mundo Jurídico e descobrir como eu enfrentei grande parte dos desafios apresentados pela faculdade, dos meus estágios e durante a minha vida de recém-formada. Espero que este livro ajude a todos aqueles que escolheram esse meio para ser seu universo e o curso de direito para trilhar as suas vidas seguindo e desvendando todos os seus caminhos e dificuldades.

Para aqueles que já iniciaram ou passaram por essa trajetória e gostariam de lembrar um pouquinho dessas primeiras emoções, espero que identifiquem-se, achem graça (ou não), concordem e façam o que fazem de melhor: discordem!

Construam as suas próprias histórias e aproveitem a faculdade, os estágios, os empregos e a vida. Divirtam-se!

Um ser humano realizado é aquele que consegue dividir seu tempo e aproveitar ao máximo um pouco de tudo.

DO LIVRO

O Manual do Estudante de Direito foi dividido e organizado de forma didática. Para todos aqueles que estão começando essa faculdade, achei que seria uma boa maneira de acostumá-los aos livros que usarão para o resto de suas vidas. Entretanto, a escrita do manual é literária, diferente das obras trabalhadas no curso. A narração será feita inteiramente por mim, a voz que vos fala é a da escritora deste livro, com todas as suas impressões, angústias, críticas e felicidades nesse tempo vivido na faculdade.

Esta é a história do início da minha vida jurídica e eu pretendo, ao narrar e descrever alguns fatos, pensamentos e vivências que tive junto aos meus fiéis colegas de faculdade, poder ajudar meus leitores e futuros colegas de profissão.

Podem ficar tranquilos, meu objetivo não é fazê-los desistir, mas sim incentivar a continuar, a gostar e entender o direito. Entrar para uma faculdade com a certeza de que sua decisão é um grande passo, quero tentar fazer com que essa seja uma boa experiência ou, talvez, menos difícil.

Largar o passado de escola, que para muitos foi bom e divertido, às vezes nos gera uma nostalgia, uma vontade de voltar no tempo e pará-lo para sempre. Todavia, novas experiências virão, porém, acompanhadas de novas responsabilidades. Preparem-se!

Para muitos, o curso de direito já é a segunda ou terceira faculdade. Para alguns, a vontade de seguir essa carreira provém do interesse e da vontade de aprender sobre esse universo de leis; para outros, serve como esperança, estímulo e vontade de buscar uma vida melhor e mais estável para si e sua família.

Não importa o motivo. A verdade é que escolher fazer uma faculdade, por si só, já é uma decisão arriscada e muitas vezes assustadora. Definir um curso é ainda mais perturbador, pois consumimos nosso tempo e nossa mente pensando no futuro, nas possibilidades que isso pode nos gerar e no que teremos que abdicar: talvez parte do salário para pagar as mensalidades, tempo para estar presente nas aulas e também ao ter que realizar trabalhos que sempre nos desafiarão.

Por tudo isso, tive a ideia de, ao longo dos textos, inserir "dicas". Acredito ser interessante conectar os fatos que eu vivi com o que aprendi com eles.

Além disso, como você poderá ver, os capítulos sempre começam com preposições derivadas de "de" (dos, das, do, da), assim como os Códigos, que são leis gerais de direito sobre um determinado assunto compiladas num único lugar, como, por exemplo: Código Penal – leis gerais de direito penal; Código de Defesa do Consumidor – leis gerais de direito do consumidor; Código Civil – leis gerais de direito civil/do cidadão. Esses Códigos são de extrema importância para o estudante de direito, pois estaremos sempre diante deles durante a faculdade, em nossos estágios e trabalhos. Achei interessante iniciar dessa maneira também os capítulos desse livro.

Tentarei não usar gírias, nem empregar uma linguagem tão informal, mas, ainda assim, não pretendo ter uma linguagem rebuscada ou extremamente sofisticada; a não ser para introduzir algum conceito jurídico novo ao linguajar dos meus leitores. Tudo isso para que você seja introduzido ao Mundo Jurídico gradativamente e para que possamos manter uma simples conversa jurídica.

DO AUTOR

Desde o meu primeiro dia na faculdade, sempre achei que seria mais fácil ter um manual nos avisando de tudo o que passaríamos, assim estaria mais preparada para o que viria pela frente.

Foi por isso que resolvi iniciar este livro no início da faculdade e terminá-lo no final, de modo que, no decorrer dos capítulos e dos meus anos na universidade, eu pudesse dividir minhas experiências e passar alguns conselhos dos meus dias vividos durante o curso de direito.

Iniciei esta obra quando estudante, como você, no segundo ano da faculdade, e termino este manual com poucos meses de formada, já advogada! E você pode estar se perguntando: "o que uma garota com tão pouca experiência profissional tem a nos ensinar?" Eu posso te garantir que muita coisa!

Muitos me faziam essa pergunta quando eu mencionava que queria escrever esse manual. De início, fiquei bem decepcionada, até que percebi que a minha intenção não era elaborar um manual com as experiências de alguém com anos de direito e muito estudo, pois existem milhões de obras assim por aí, excelentes doutrinadores já fizeram isso.

A ideia não é essa, é exatamente ao contrário: que alguém com pouca experiência diga algo não sobre o direito propriamente dito, mas sobre o que mudou na sua vida após o direito. E, vá por mim, muito mudou, desde as responsabilidades, minha visão de mundo e até mesmo a minha personalidade.

Sei exatamente o que você está sentindo e tenho memórias bem fresquinhas dos meus anos de faculdade, por isso quero contar como foi iniciar minha vida jurídica. Muitas mudanças vieram e também muitos aprendizados, mas garanto que, ainda assim, há muito que mudar, aprender e me encontrar.

CAPÍTULO I:
DO INÍCIO DA FACULDADE

Quando chega o tão esperado momento de entrarmos na faculdade, nos vemos no início da vida adulta e em uma situação de grandes conflitos e dúvidas.

> O que fazer?
> Qual curso escolher no vestibular?
> Será que com essa profissão eu vou ganhar dinheiro?
> Essa é a profissão que quero exercer para o resto da minha vida?
> Como me manter financeiramente na faculdade?
> Será que vou conseguir emprego quando me formar?

E quando você finalmente escolhe realizar o curso de direito, parece que mais dúvidas surgem:

> Será que o curso de direito é para mim?
> Eu preciso saber algo sobre leis para entrar na faculdade?
> Em qual período da faculdade preciso começar a fazer estágio?
> O direito da teoria é igual ao da prática?
> Como conciliar faculdade e estágio?
> Como é a prova da OAB?
> Qual tema escolho para o meu TCC?
> Como é o mercado de trabalho para quem se forma em direito?
> Concurso ou advogar?
> Meu Deus! E agora?

Não tenha dúvidas de que essas são questões que todo estudante faz a si mesmo quando está prestando o vestibular, seja para direito ou para qualquer outro curso.

Essas também foram minhas principais dúvidas no início e no decorrer da faculdade, e é por isso que vou, neste manual, ajudá-lo a responder esses questionamentos, chegando nas melhores respostas possíveis.

Uma das primeiras coisas que você precisa saber, ao entrar na faculdade de direito, é o que significa esse tal de Mundo Jurídico ou Universo Jurídico; e não serão poucas as vezes que você irá ouvir esses dois conceitos.

De início, começamos a pensar que seria uma verdadeira arrogância acreditar que quem lida com o direito vive em um mundo à parte, mas de certa forma é assim mesmo que acontece, e não é nada arrogante pensar assim, aliás, não é nada difícil entender e ver que existe realmente uma esfera diferenciada chamada Mundo Jurídico, na qual há leis e regulamentos que geram todas as relações sociais. No entanto, as pessoas, de modo geral, não costumam se atentar muito para ele até que se sintam "injustiçadas".

Nesse pouco tempo que comecei a fazer parte desse universo diferenciado, percebi que o direito é dotado de especificidades, pequenas características que fazem com que ele seja único.

É incrível pensar que o direito rege as relações sociais; e a maioria das pessoas não se dá conta disso. Eu costumo dizer que acharia interessante se alguns conceitos fossem ensinados nas escolas; nada mais útil do que conhecer seus direitos e deveres já na educação fundamental ou média.

Eu sempre me questionei: por que o engenheiro tem a possibilidade de aprender conteúdos de matemática e física no colégio, que irão ajudar na sua profissão? Ou o médico aprender biologia? Ou o farmacêutico aprender química? E por que quem faz direito não tem esse privilégio de estudar leis desde a sua formação primária, secundária ou média? Eu usaria a palavra injustiça agora, ou poderia dizer também que há uma nítida desigualdade nesse caso!

Estudar esses conceitos já traz, por si só, a necessidade do direito ser visto como um mundo e um universo à parte. Igualdade, desigualdade, direitos e justiça são conceitos que têm uma definição muito própria quando estudados dentro do curso e que se diferem dos pensamentos dos leigos, daqueles que não estudam a ciência jurídica.

Muitos de nós saímos do ensino médio sem sequer sermos apresentados à Constituição do país, desconhecendo nossos deveres e direitos. Ainda que não aprendamos sobre leis nas escolas, somos constantemente nocauteados por discussões políticas e informações jurídicas nas redes sociais. Quem nunca viu um compartilhamento em massa de uma notícia que depois descobrimos se tratar de *"Fake News"*[1] ou nunca participou ou se viu presente num debate político acirrado sobre um "prende ou solta", "é golpe ou não é"? Tudo com embasamento nas leis e na Constituição, todos querendo saber o que a legislação do nosso país diz!

A verdade é que, para mim, a facilidade de exposição de pensamentos *online* tem gerado uma necessidade do cidadão brasileiro em "debater sobre o mundo", sobre política, leis, a evolução da sociedade, princípios... Sobre tudo. E o curso de direito parece interessante aos olhos de quem tem esse desejo, pois, de um modo ou de outro, ele proporciona esse conhecimento.

No entanto, devo admitir que, após começar a cursar a faculdade, meus discursos passaram a ficar mais mansos na internet, até se tornarem quase inexistentes nas mídias sociais, uma vez que um bom estudante de direito aprende a respeitar a opinião dos outros e tratá-la com respeito. Por mais que pareça absurda a defesa ou a contrariedade à pena de morte, todos os argumentos são dignos de nossos ouvidos e estudos.

---

[1] "Notícias falsas (sendo também muito comum o uso do termo em inglês *fake news*) consistem na distribuição deliberada de desinformação ou boatos via jornal impresso, televisão, rádio, ou ainda *online*, como nas mídias sociais" (WIKIPÉDIA)

Assim, com o tempo, passei a ser cada vez mais imparcial, a parcialidade é guardada aos advogados apenas na defesa de um cliente, pois o que se aprende logo de cara, quando começamos a cursar direito, é que tudo tem dois lados e dois pontos de vista. Tudo DEPENDE!

A cada aprendizado, sempre me senti sabendo menos, por mais irônico que isso fosse, pois a verdade é que cada um de nós tem uma visão, uma experiência e uma história, e tudo isso influencia na escolha do nosso curso, na nossa vivência de faculdade e até mesmo na forma de pensar sobre esses assuntos.

E foi exatamente isso que aprendi nos meus primeiros anos da faculdade. Arriscaria dizer que no primeiro semestre, quiçá nas primeiras semanas de aula, esses conceitos que a princípio parecem básicos e estão na "boca do povo", como justiça, direito e igualdade, rendem horas e horas de aulas e intermináveis discussões. Afinal de contas, ser caloura não pode ser só trote!

Por falar em trote, já tenho ótimas dicas sobre esse assunto. Afinal, quando entramos na faculdade, não pensamos em outra coisa. Ou pensamos? Bom, algumas das minhas **dicas** são:

Você não é obrigado a participar de qualquer atividade do chamado "trote"; quando se é calouro, é normal que fique um pouco envergonhado ou sem graça de dizer não, mas há vários modos de fugir dessas atividades: descobrir os dias dos trotes e selecionar qual você quer participar é uma escolha sua; ninguém é obrigado a nada, a nossa Constituição já diz isso! Portanto, caso não queira participar dessas brincadeiras, falte as primeiras aulas, vá ao banheiro e demore um pouco mais, fuja de fininho e, se alguém insistir, diga NÃO! Não tenha medo, afinal, você é um estudante de direito agora e não convém ter receio de emitir sua opinião.

Porém, se pensar diferente e quiser participar do trote, fique à vontade, aproveite e divirta-se, é um ótimo momento para fazer amigos e conhecer seus colegas de classe. Não ligue muito para a opinião dos outros e NUNCA faça nada que não queira. Se qualquer estudante veterano passar dos seus limites, primeiro fale com ele que NÃO QUER e, caso se sinta violado com alguma situação, procure a coordenação de sua faculdade.

Eu mesma não participei da maior parte dos trotes quando caloura – essa foi uma opção minha e fui respeitada com essa decisão – e nem por isso deixei de ter amigos na faculdade. Com o decorrer dos dias, ter ou não participado do trote fica cada vez menos relevante. É certo que, por vezes, gostaria de ter passado por essa experiência, mas, em alguns momentos, tenho a certeza de que não queria. A vida é feita de escolhas; faça a sua sem medo e esteja confiante com ela.

Pois bem, com trote ou sem, eu vos desejo um ótimo início de faculdade. Essa é uma fase muito importante, em que se descobre que quem lida com o direito passa a ver as relações sociais e o mundo de uma forma diferente, de uma forma jurídica. Ele está em tudo: uma compra e venda é um negócio ou contrato jurídico; sair de casa significa exercer o direito de liberdade, de ir, vir e permanecer; cedermos o lugar no transporte público para um deficiente físico ou um idoso é um direito-dever decorrente do princípio da solidariedade. Tudo virará jurídico aos seus olhos!

TEMA 1: DA EUFORIA À REALIDADE

Ao receber a notícia de que passamos para a faculdade, vem aquela mistura de emoções: euforia, nervosismo, medo, alegria e muitos outros sentimentos que nem nós mesmos podemos explicar. Com certeza, passar na universidade é um grande passo para todos aqueles que têm essa oportunidade.

As responsabilidades aumentam e definitivamente nos damos conta de que somos adultos dotados de direitos e deveres; eu diria que mais deveres do que direitos. Enfim, a faculdade é um grande passo para sua vida profissional e pessoal, pois nos mostra como ela é de verdade. A vida que nossos pais e professores do colégio muitas vezes nos alertaram, mas nós não demos bola, porque, por algum motivo, talvez não acreditássemos que aquele dia iria chegar tão rápido.

A faculdade te ensina a ser mais independente. Na verdade, ela te obriga a isso. Quando você ainda não se tem dezoito anos, acredita que, ao completar a maioridade, tudo na sua vida vai mudar, os seus pais te darão mais liberdade, você poderá chegar em casa a hora que quiser, não precisará dar satisfação de nada... Tudo isso.

Eu, particularmente, não pensava assim, mas devo admitir que quando entrei na faculdade algumas coisas mudaram. Eu fiquei mais independente, mas também cheia de responsabilidades e obrigações. Para ser sincera, acho que me tornei independente para as responsabilidades e obrigações, afinal, o futuro é meu e eu sou responsável por ele.

Eu sou da teoria de que a faculdade muda o indivíduo. Eu, por exemplo, nunca tinha precisado andar de metrô; depois que entrei na universidade, esse inferno virou rotina. Desculpe, mas não há outra palavra para descrever o vagão feminino da Linha 2, sentido Pavuna, no final da tarde de segunda à sexta.

Bom, depois de passar pelo pior, momentos simples começam a ser "legais". O nascer do sol na Avenida Brasil às cinco e trinta da manhã, com uma música boa e alta no fone de ouvido e um lugar para sentar no ônibus é quase como descrever a manhã perfeita. Sinto uma imensa vontade de rir enquanto escrevo isso e vejo o quanto é decadente, mas a **dica** é: aproveite o melhor de tudo e sorria todos os dias; faça dessa uma meta para a sua vida.

Ao entrar na faculdade, percebi que estava quase vivendo uma vida dupla. Como moro na Zona Norte do Rio de Janeiro, uma região mais humilde, e estudava em uma universidade particular de renome no Centro da Cidade, meu dia a dia era viver entre dois mundos.

Durante meu tempo na faculdade, eu estava em contato com colegas de classe que muitas vezes sequer tinham ido para a Zona Norte e que possuíam uma condição financeira infinitamente melhor que a minha, em que os pais encaravam o gasto com a mensalidade apenas como mais um. Por outro lado, os meus pais viviam economizando para pagar minha mensalidade, meu transporte e alimentação. Aqueles valores faziam toda a diferença em seus orçamentos, embora eles nunca tivessem se negado a me oferecer o melhor.

Eu convivia com colegas que conheciam diversos outros países, mas que não conheciam as áreas humildes do Rio de Janeiro; quando eu falava o nome do meu bairro, eles nunca tinham sequer ouvido falar. Sofri uma certa discriminação no início, em razão de onde eu morava, ouvi muitos comentários indesejados e lidava com caretas por parte de alguns colegas e até mesmo de professores.

Eu enfrentava uma hora e meia, quase duas horas, no trânsito para chegar à faculdade em um ônibus lotado, sem ar-condicionado e que diversas vezes enguiçava no meio do caminho até o centro da cidade. Já meus colegas demoravam meia hora, no máximo, vindo confortáveis, de carro; ou perdiam apenas 10 ou 15 minutos num metrô vazio, visto que a linha deles passava por bairros mais seletos e partia do sentido inverso ao da periferia. Tudo isso aumentava minha dificuldade em conduzir a faculdade com maior dedicação e esforço, mas sempre tentei fazer o máximo que podia.

Uma vez, houve uma greve de ônibus no Rio de Janeiro. Alguns dos meus amigos que também moravam um pouco mais longe conseguiram chegar à faculdade por outro meio, porém eu não tinha outra opção, se não o ônibus. Até mesmo para chegar até o metrô, eu tinha que pegar um. Além disso, o carro da minha família servia para levar meus pais ao trabalho e a única vez que tentei pedir um táxi para chegar até o metrô (que já dava um valor considerável), deparei-me com uma fila enorme de pessoas que tentavam pegá-lo também. Eram voltas e voltas de uma fila de trabalhadores tentando chegar em seus empregos.

Nesse dia, tentei esperar um pouco, mas não estava nem perto de entrar. Então, resolvi voltar para casa e perder a aula e mais dinheiro com outro táxi de volta, pois, se esperasse o suficiente para tentar entrar no metrô, chegaria muito atrasada e sem a certeza de que conseguiria acessar os vagões lotados.

Os meus amigos que conseguiram chegar, tiveram o desprazer de me contar que tentaram convencer os professores a anular as faltas naquele período, afinal foram duas semanas sem ônibus, mas os professores avisaram que nenhuma falta seria anulada. E, como se já não bastasse, contaram-me que um professor ainda fez graça da situação, dizendo que ele "não tinha culpa dos alunos que moravam mal".

Enfim, foi realmente difícil me adaptar num mundo muito diferente dos meus colegas de classe. Eu demorei para entender que nossas realidades eram discrepantes e que, não importava, eu precisava me adequar à minha. Eu demoraria mais no trânsito, perderia mais tempo de estudo, teria menos descanso e quase não conseguiria praticar atividades extracurriculares. A praia ficava longe da minha casa, então eu competia com as peles bronzeadas dos meus amigos, a falta de olheiras deles e a incomparável qualidade de vida, uma vez que a região onde moro é bem mais perigosa. Até mesmo para chegar em casa, eu andava na tensão de não ser assaltada ou algo pior.

No entanto, tudo isso serviu como um aprendizado. Eu pude aprender que vivemos cercados de pessoas que nos fazem bem e nos ajudam quando precisamos. Quando não chamamos essas pessoas de família, elas se encaixam na categoria amigos.

Falar sobre amizade não é fácil, mas todos tivemos ou vamos ter bons amigos em momentos diferentes da vida. Ou, se dermos sorte, para sempre.

Embora com idas e vindas, eu tive bons amigos na época de colégio, porém é incrível como sempre queremos mais. Não só eu, pois percebia que muitos amigos da escola também ficavam imaginando o quão seria legal estudar com pessoas que fossem iguais a você, tivessem os mesmos interesses, gostos e até, talvez, os mesmos objetivos, já que, dessa forma, poderíamos nos ajudar a crescer. Nem de todo estávamos certos e nem de todo errados; foi uma imensa aventura de altos e baixos conhecer amigos na faculdade.

Com um novo passo para o futuro, vem também novas relações sociais. Ficamos pensando em como será incrível ter pessoas que compartilham os mesmos gostos que nós, que também admiram as ciências humanas, e largar de vez tudo que não faça parte disso. Tchau, exatas!

No colégio, conhecemos pessoas com diversos gostos, costumes e modos de ser, e temos que aprender a lidar com elas, ou talvez somente ignorá-las, procurar um grupinho mais adequado e ser suas amigas. Não importa, o colégio tem indivíduos com pensamentos diferentes sobre o mundo e podemos escolher com quem queremos passar nosso ano letivo, fazer trabalhos em grupo, projetos e, porventura, ser amigos para sempre.

Todavia, nem sempre é fácil lidar com tudo que há a nossa volta e não nos agrada. O que eu descobri com a faculdade é que, às vezes, o que não apreciamos não está apenas ao nosso redor, mas no nosso convívio diário. Pessoas com concepções diferentes das nossas, muitas vezes, serão nossos professores, parceiros de grupo, chefes e colegas de trabalho.

Assim que entrei na faculdade, deparei-me com alguns colegas de classe que tinham pais, mães e famílias inteirais de profissionais do direito e que sabiam diversos conceitos que eu sequer havia ouvido falar. Caso você seja alguém como eu, que é a primeira da família a fazer direito, não encare isso como algo ruim. Esses colegas têm apenas um estímulo diário que os fazem ter mais contato com o Mundo Jurídico. Esse é o dia a dia deles, não há muito que fazer.

Por isso, a grande **dica** é: aceite! Esse foi o primeiro ensinamento que aprendi com a faculdade e será constante a partir de agora. Pessoas são diferentes, o grande segredo é aceitar suas limitações e qualidades e seguir o seu caminho sem se sentir desestimulado porque seu colega tem algo melhor que você. Saiba lidar com suas limitações e faça o seu melhor para se sair bem.

Muitas vezes cheguei a pensar que a faculdade seria incrível, com diversas pessoas com pensamentos fortes, que trocariam ideias e argumentos de altíssimo escalão. Pois bem, eu não errei, porém também não percebi que haveria um grande problema em conviver com tantos indivíduos com interesses bem parecidos, mas pensamentos diferentes.

Fiz bons amigos na faculdade. Ajudávamo-nos, trocávamos ideias, fazíamos trabalho, estudávamos juntos e tirávamos dúvidas uns com os outros. Fomos um verdadeiro grupo pró-universidade, nos acudíamos até a medida que não nos atrapalhasse. Somos bons juntos e fortes também. Cada um tinha uma matéria preferida e, assim, auxiliávamos os demais que não tinham tanta facilidade.

Porém, como tudo na vida tem seus prós e contras, e por mais que eu ame meus amigos, muitas vezes brigávamos, mas nos perdoávamos e fazíamos as pazes, afinal, acho que amizade se trata disso: perdoar.

Além do mais, seria impossível uma convivência saudável em uma universidade de direito se levássemos toda e qualquer discussão muito a sério. Pessoas, em geral, têm pensamentos diferentes, porém, quando alguém apresenta uma ideia contrária a sua, acha que isso é estar errado. Quando se trata de alunos de direito, é ainda um pouco pior, pois eles sabem como te convencer que está errado; sem contar que é difícil para eles admitirem que estão equivocados.

Assim, temos pensamentos diferentes sobre assuntos diferentes. Somos jovens adultos e aquela pontinha de orgulho não deixa que alguém que conhecemos há pouco tempo venha nos dizer que o que pensamos não está certo. É compreensível, não sei explicar muito bem, mas é assim que funciona o ser humano como um todo. Acho que universitários pensam que já sabem de tudo e o que aprenderam com outras pessoas foi deixado na época de colégio.

Portanto, se tivesse que dar uma **dica** para você ser feliz consigo mesmo, tanto na faculdade quanto no resto da sua vida, é: seja humilde! Ser humilde não é ser bobo, nem deixar que os outros façam o que querem com você, mas saber lidar com seus erros e, principalmente, com os erros dos outros. Muitas vezes você não vai ouvir um pedido de desculpa quando acha que merece, contudo isso, infelizmente, "faz parte". Dessa forma, é preciso saber medir também o que é importante para você e pelo que realmente vale a pena se estressar ou ficar triste.

Talvez, em determinada situação, aquele pedido de desculpa que não lhe foi dado não seja tão necessário para o seu perdão, com isso, outra **dica** é: seja flexível! As pessoas, às vezes, podem não entender muito bem o que você quis dizer. O uso de palavras erradas ou uma entonação diferente pode induzir ao erro, então, da mesma forma que um amigo vai deixar passar aquela frase dita num momento inapropriado, você deve fazer o mesmo com as pessoas.

No colégio, além de você, talvez tenha mais uma ou duas pessoas, ou quem sabe ninguém, com pensamentos e argumentos tão fortes e capazes de convencer a turma inteira. Na faculdade, é bem diferente, pois todo mundo é assim, todos têm uma capacidade altíssima de convencimento e o dom da persuasão. Faz-se necessário, não uma disputa de forças, pois isso não vale de nada, já que todos nós somos fortes o suficiente, e sim o conhecimento e a confiança.

Assim, o que eu quero dizer é, quando se está em uma disputa e seu adversário é tão forte quanto você, é necessário utilizar outras ferramentas, como habilidade, técnica, inteligência e perspicácia.

Somos muito diferentes. É claro que vamos encontrar bons amigos na faculdade, mas não pense que o fato de todos termos escolhido direito nos faz iguais, muito pelo contrário, divergimos em vários níveis, dentro ou fora da faculdade. A lição que eu aprendi e a **dica** que fica é: aprenda a conviver com as diferenças e, sobretudo, respeite todos. Nada é mais importante numa relação do que o respeito, ele é o verdadeiro construtor de laços. Sem ele, nenhuma relação se firma.

Dessa forma, na faculdade, existirão pessoas parecidas com você em alguns aspectos e bem diferentes em outros, a realidade da vida é essa. Ninguém é igual a ninguém, somos diferentes em características boas e ruins. Aprenda a lidar com as diferenças e descubra o verdadeiro caminho para a felicidade.

Conversar com meus colegas pelos corredores da faculdade, nos sofás espalhados pelos *halls*, na sala durante os intervalos e até mesmo na mesa de um bar foram sempre experiências maravilhosas. Devo admitir que não me recordo de nenhuma vez que tenhamos efetivamente brigado devido a pensamentos diferentes a respeito de controvérsias jurídicas. Normalmente, o que sempre acontecia era: "você é a favor do aborto. Eu sou contra. Vamos conversar sobre isso?"

As conversas rendiam, novos colegas chegavam e todos saíam querendo aprender mais, ler mais e debater mais, pois nós temos amor ao debate e à dialética e exaltamos o respeito de opiniões como ser supremo da boa convivência.

DICA: *eu era bem rebelde e estressada quando iniciei a faculdade. Não que eu ainda não seja, mas aprendi muito a ouvir e saber que aqueles que têm uma opinião contrária NÃO SÃO INIMIGOS!*

Foi pelo meu respeito às opiniões controversas e à minha busca pela imparcialidade ao ouvir terceiros que eu parei de debater nas redes sociais, pois ouvir uma pessoa leiga expor suas opiniões com grosseria e sem embasamento pode ser extremamente perturbador e dá vontade de vomitar conceitos jurídicos nela.

DICA: *se o indivíduo é leigo em um assunto e você quer expor sua opinião, respeite a ignorância dele, ouça e responda de forma profissional, ou seja, com argumentos legais, sempre embasados na lei e nunca apenas em suas convicções. Assim que você se torna um estudante de direito, deve sempre estar em posição de jurista.*

DICA: *saiba perder em um debate, seja por falta de conhecimento ou porque a pessoa com quem você discute está se exaltando, o que faz não valer a pena permanecer ali; o debate deixa de ser saudável e se torna problemático e litigioso. Todavia, leve suas "derrotas" como aprendizado e desafios para serem superados com a busca de mais conhecimento.*

Tema 2: Falar, ler, escrever e estudar juridicamente

Passados os primeiros dias de aulas, você conhece alguns colegas de sala, trocam seus números no *WhatsApp*, adicionam no *Facebook*, "me segue no *Insta!*"; e chega o momento de falar das tão maravilhosas aulas do curso de direito.

A primeira **dica** que compartilho sobre esse tema é: não meça a faculdade de direito pelo seu primeiro semestre, muito menos por suas aulas inicias. Normalmente, os primeiros seis meses são introdutórios e as matérias que você aprende não serão como as demais. Então, se eu puder aconselhar, sugiro que espere até o segundo semestre para realmente ter certeza se o curso é o que você quer ou não. No caso de dúvida, eu lhe asseguro que você tomará uma decisão mais acertada.

Uma das primeiras exigências quando se entra em uma faculdade de direito é: "mude o seu linguajar!". Tudo o que se espera de um profissional jurídico é que utilize palavras sofisticadas da maneira certa e na hora certa; a dialética deve ser nosso grande amor! Além disso, também espera-se uma boa escrita; saber escrever é essencial para ser um bom profissional dessa área.

A semântica, a coerência e a coesão são de suma importância. Mas, como iniciante da carreira jurídica, não se espera que você já chegue na aula sabendo tudo quanto é tipo de expressão ou que ainda na semana de trote chegue dizendo: "*Data Venia* eminente, colega de classe. Tenho em minha concepção que esse chamado trote será uma boa experiência extraclasse para interagirmos com os demais colegiados", de modo a tentar convencer um de seus colegas, que, por algum motivo, não quer participar do trote.

As coisas não funcionam bem assim. Quando você entra na faculdade, é como se aprendesse a falar e a escrever de novo, de uma nova forma, jurídica. Para mim, foi divertido, embora eu tenha me sentido sendo alfabetizada novamente, pois, ao entrar na faculdade de direito, vemos que ler, falar e escrever juridicamente tem suas peculiaridades.

Todos dizem que para entrar em uma faculdade de direito é preciso gostar de ler, o que é verdade, mas é fácil dizer que gostamos quando temos a nossa frente um livro que nos agrada, que podemos deixar de lado se não apreciarmos ou parar de ler quando quisermos. É fácil gostar de algo quando não temos um compromisso com aquilo.

Para mim, o mais difícil ao começar a faculdade foi abrir mão de muita coisa que eu gostava de fazer. Como moro longe, o fator tempo sempre me incomodou. No início, eu achava que vinte e quatro horas eram muito pouco para quem tem tanto o que fazer e estudar, e eu estava apenas no primeiro semestre da faculdade, assim, eu pensava que dali para frente só pioraria. Porém, saber organizar seu tempo e encontrar momentos para o lazer é algo que somente você pode fazer; mesmo sendo complicado conciliar seus compromissos e responsabilidades.

Quanto mais o tempo passava, mais livros de direito eram introduzidos na bibliografia sugerida dos professores. Com isso, sobrava menos tempo para ler as obras que eu gostava.

Bom, isso foi uma consequência que eu tive que me adaptar. Hoje, já encontro um pouquinho mais de tempo para ler livros que não sejam relacionados ao direito, mas ainda assim tenho muito que organizar na minha agenda.

Um fato interessante que descobri, foi que diversas apostilas, livros, manuais, slides e resumos de direito adotam semânticas diferenciadas umas das outras.

Quando lemos qualquer texto ou artigo jurídico, usamos um recurso que aprendemos desde que nos ensinaram a ler e escrever na escola: a interpretação de texto. Entretanto, mais do que interpretar e entender o que o autor quer dizer, o direito exige que, ao realizar a leitura, você faça uma análise. Ao contrário de livros escolares, não há resumos do tema e nem uma fórmula explicativa. O livro de direito mais parece uma obra comum, por isso, ao lê-lo, talvez você não tenha uma impressão de que está estudando se efetivamente não interpretar e analisar com calma.

Ainda assim, ao analisar e estudar um livro, pode ser que sua opinião mude ao conversar com algum colega ou professor; ou até mesmo lendo uma obra de outro autor, ainda que sobre o mesmo tema.

Vejamos o seguinte caso: muito se discute sobre a diminuição da maioridade penal. O que se propõe é que seja de dezesseis anos, quando atualmente é dezoito anos. Entretanto, existem opiniões divergentes sobre isso: alguns doutrinadores apoiam essa redução, outros dizem que é simplesmente um absurdo e terceiros falam que é algo a ser discutido. Opiniões de palestrantes que, porventura, você assista, também serão diferentes; opiniões de ministros, professores e colegas de classe também divergirão, pois cada um terá pensamentos e fundamentos um tanto válidos e convincentes para explicar o porquê a redução da maioridade penal seria um benefício ou malefício.

A verdade é que ser um estudante de direito é estar sempre disposto a ouvir. Assim, a **dica** que sugiro é: esteja adepto a mudanças e a ouvir. Todos têm um pouco a dizer e a ensinar, então, aprenda! Mesmo quando alguém diz algo que não concordamos, ouça. No mínimo, será um aprendizado sobre quais são os argumentos e fundamentos usados pela parte que discorda de você, dessa forma, poderá estudar um modo de confrontá-los e de usar contra a parte adversária, quando necessário numa disputa de direitos num processo ou no Tribunal.

É muito interessante também saber que algumas expressões no direito serão importantes para todo o percorrer da sua caminhada jurídica. Existem muitas palavras e até mesmo frases em latim que você pode chegar a pensar: "não vou gravar isso mesmo!", mas às vezes não é uma questão de escolha, os professores irão repetir isso inúmeras vezes e, quando você menos esperar, já estará falando *"Nullum Crime Sina Poena Sin Elege"* com toda a naturalidade do mundo e isso não é de todo ruim. Essa expressão, por exemplo, pode ser traduzida como: "não há crime sem lei anterior que o defina", o que resume de forma simples o princípio da legalidade dentro do Direito Penal. Olhe que legal!

Além do latim, uma característica que acho fantástica no direito são suas subdivisões. Um conceito se subdivide em dois e esse em mais três, depois em mais quatro e assim por diante. Por exemplo:

A palavra igualdade, que todos conhecemos e faz parte das nossas vidas, no direito, se subdivide em duas: igualdade formal e material. Quando eu soube disso, simplesmente fiquei sem entender, por que o direito tem que complicar uma palavra tão simples? Bom, é assim. Siga a primeira dica e aceite, até porque, se eu dissesse a quantidade de significados e teorias que são dados à palavra "justiça", você não acreditaria em mim. Ou, talvez, resolvesse lagar o curso. Mas nem pense em desistir, caro colega!

Resumidamente: igualdade formal é aquela que diz que todos somos iguais perante a lei. Tal definição não tem muito que se questionar, pois o próprio símbolo da justiça é uma mulher vendada, o que significa dizer que ela é aplicada sem olhar a quem. Já a igualdade material é aquela que diz que pessoas desiguais, como, por exemplo, uma pessoa portadora de necessidades especiais, devem ser tratadas de forma desigual, ou seja, devem receber tratamento diferenciado dos demais indivíduos sem necessidades especiais para que se atinja uma igualdade de fato. É por esse motivo, portanto, que devemos ceder o lugar no transporte público para deficientes visuais, por exemplo, já que é muito mais difícil para eles se segurarem em pé em um metrô lotado comparado a uma pessoa sem dificuldades.

Assim, diante de tantas novidades que o direito nos traz, operadores e estudantes dele, o que mais me impressiona é o fato dele construir seu próprio universo, com sua linguagem e escrita; por isso falamos muitas vezes desse Mundo Jurídico.

A fim de ajudar o seu ingresso na faculdade, deixarei abaixo algumas palavras e também dicas que, por desconhecer, muito me fizeram falta assim que ingressei no curso de direito.

DICAS:

<u>MAGISTRADO</u>: *cabe essa designação aos indivíduos de importante autoridade e com poderes para julgar e mandar nos limites de sua jurisdição. Temos, como exemplos, os desembargadores, ministros, juízes, administradores ou governadores. Se refere a pessoas que exercem cargos de chefia dentro do poder judiciário.*

<u>DESEMBARGADOR</u>: *é uma espécie de juiz do Tribunal de Justiça ou do Tribunal Regional. Ele revê o julgamento de decisões proferidas por juízes quando alguma das partes envolvidas no processo não ficou satisfeita com a sentença dada pelo tribunal que julgou seu caso.*

<u>DOUTRINA</u>: *é uma fonte do direito e um conjunto de princípios que servem de base a um sistema, seja ele filosófico, religioso, literário ou político.*

<u>JURISPRUDÊNCIA</u>: *também uma fonte do direito. É o conjunto das decisões sobre interpretações das leis feitas pelos tribunais de uma determinada jurisdição.*

<u>FONTES DO DIREITO</u>: *podem ser divididas em materiais ou formais. É como se fossem a matéria-prima do direito, onde ele nasce.*

No que tange a escrita, eu tenho uma **dica**: não fuja! Uma vez que você se prepara para falar e ler juridicamente, a sua escrita jurídica vem naturalmente, então deixe-a fluir. A melhor forma de treiná-la é realizando os seus próprios trabalhos.

Pois bem, tendo professores legais, eles não vão cobrar um trabalho, por exemplo, com o mesmo potencial de uma monografia de um estudante do décimo período. Todavia, obviamente, eles pedirão trabalhos mais elaborados do que no ensino médio; assim você terá que dar um jeitinho de se superar.

No entanto, caso você não tenha feito muitos trabalhos com as famosas regras da ABNT no colégio ou tenha passado esse cargo para os demais coleguinhas do grupo, uma **dica**: o Google é seu melhor amigo! Boa sorte!

Outro ponto de extrema importância é o estudo jurídico. **Dica**: de nada vale estudar se você não souber se organizar. Isso foi muito difícil para mim e ainda encontro dificuldades, mas é essencial a organização na hora de estudar, seja para qualquer área e em qualquer fase da sua vida. Até porque, você vai perceber que existem alguns professores que são desorganizados.

Talvez você conheça, na trajetória do seu curso, algum professor que realmente seja desorganizado e, por mais que ele possa ser um excelente profissional, sua falta de organização deixa tudo mais complexo. Tive a honra de ter alguns professores assim, mas um deles me marcou bastante.

Ele é mesmo um excelente profissional e sabe muito. Percebi, em alguns períodos seguintes, que ele era melhor do que eu podia imaginar, pois a matéria que havia dado ajudou consideravelmente no resto da minha vida acadêmica; e o seu método, por mais confuso que me podia parecer a princípio, também foi essencial para que eu não esquecesse de fatos importantes.

Entretanto, esse mesmo método, enquanto eu tinha aulas com esse professor, me atrapalhou um pouco, e eu achava muito confuso e difícil de entender. Meu caderno ficava uma bagunça. Foi então que resolvi organizar tudo, estabelecendo tópicos e fazendo um resumo, o que me ajudou inexplicavelmente, pois, me organizando, pude também rever a matéria e assimilar melhor o conteúdo.

DICA IMPORTANTE: *na hora de estudar, entenda melhor qual o grau de dificuldade que você tem com as matérias naquele semestre.*

O Direito tem matérias que eu considero que devam ser organizadas de formas diferentes. O Direito Constitucional, por exemplo, aquele que provém do estudo da Constituição e do direito emanado por ela, considero, às vezes, um tanto vago em alguns aspectos. Os princípios constitucionais merecem ser observados com cuidado e apenas ler a Constituição não te trará respostas. É necessário o estudo da doutrina e a observância de julgados e súmulas, dentre outras fontes de direito. Por causa dessa riqueza de fontes que se emana do Direito Constitucional, esse merece uma organização mais cautelosa.

O Direito Penal, por outro lado, deve ser interpretado restritivamente, ou seja, a principal cautela que devemos ter com essa matéria está em aplicar a letra da lei em concordância com os julgados. Assim, para mim, o essencial sempre foi ler o próprio Código de Direito Penal e tentar entender as previsões ali dispostas.

Já o Direito Civil, aquele que rege relações dos cidadãos comuns, é um campo do direito privado. Por ser amplo e bem dividido, necessita de outro tipo de organização se comparado aos demais.

No entanto, não importa quantas matérias você esteja se dedicando naquele semestre, quando se escolhe o curso de direito, estudar e se manter atualizado é uma necessidade, uma vez que ele é também um estudo da sociedade e dos fatos que dela provém.

Todos os dias algo novo acontece e constantemente há mudanças de valores, ideais, gostos e vontades. A nossa missão e a do Direito é entender, defender e tentar acompanhar esses acontecimentos, por mais difícil que isso seja.

É por essa razão que uma grande **dica** é que você esteja sempre atualizado. Leia jornais, notícias ou qualquer outra fonte que lhe ofereça conhecimento e que o mantenha em dia com os acontecimentos do Brasil e do mundo.

Ainda assim, mesmo diante de tantas matérias a serem estudadas, todas elas terão algo em comum, você poderá buscar conhecimento da doutrina em diversos livros, mas posso afirmar que todas as leis que existem sobre ela estarão, se não em sua totalidade, em sua maioria, no chamado *Vade Mecum*.

Esse nome estranho significa "Vai Comigo", e tal referência é dada a um livro ENORME que será o seu mantra. Esse livro, código, amigo, guru, chame-o do que quiser, elenca os principais códigos, leis e súmulas, dentre outras fontes do direito vigentes até aquele semestre. Isso porque o *Vade Mecum* é atualizado duas vezes ao ano, mas não quer dizer que você precise comprar todas as atualizações, ainda mais no início da faculdade.

Em tese, essas alterações semestrais não são tão importantes, a não ser que a mudança seja feita em um código ou lei realmente muito utilizada ou de grande relevância, como aconteceu com a mudança do Código de Processo Civil e da Reforma Trabalhista enquanto eu estava na faculdade, quando grande parte dos estudantes de direito se viram na necessidade de atualizar seu *Vade Mecum*, comprando um novo.

A verdade é que esse livro contém todo, ou quase todo, suporte jurídico que você inicialmente vai precisar e mantê-lo organizado é de suma importância na hora do estudo e na hora da prova (sim, a maioria dos professores deixa você usá-lo na prova, mas não fique tão contente, ele é um mero suporte; confie em mim, estude!).

Fazer remissão de artigos, marcar com caneta colorida ou marca texto os artigos importantes ajuda muito e mais uma vez é necessário ser bastante organizado. Um *Vade Mecum* amassado, rabiscado, sem marcações ou o mínimo de sentido te atrapalha, e confundir um artigo ou esquecer dele pode prejudicar sua nota, seu desempenho acadêmico e, o mais importante, seu aprendizado.

Dessa forma, não restam dúvidas de que organizar-se é importante e cada matéria, assim como cada professor e também seus livros e materiais de estudo, merecem um tipo de cuidado e organização especiais, pois as cobranças são diferentes e é necessário se adaptar.

Outra questão do direito e mais especificamente de seu estudo é a subjetividade. Logo que se entra na faculdade, a primeira coisa que você aprende, seja pelos professores ou livros e manuais, é que ele não tem um sentido único, o mesmo direito que atua sobre mim pode atuar também sobre você.

Veja a liberdade, por exemplo, todos nós temos o direito de ser livres. Pode acontecer também de eu ter um direito e você outro, que em determinada situação colidam, o que faz com que fiquemos sem saber qual será o que deve prevalecer e ser aplicado naquele fato concreto.

O direito de privacidade e o da liberdade de expressão, por exemplo, sempre estão em confronto um com o outro. Nesse momento, nós temos que fazer a chamada "ponderação", que significa colocar os dois direitos em uma balança para saber qual prevalece, mas deixemos uma explicação mais aprofundada sobre colisão de direitos para os grandes e renomados doutrinadores.

O que eu quero dizer com isso é que grande parte de tudo o que é jurídico é também subjetivo, sendo, portanto, necessária uma análise individual sobre determinados temas para que se chegue numa conclusão.

> A DICA É: *estude os significados e entenda-os. Ao contrário do que os outros dizem, direito não é decorar lei, é entender o porquê elas existem e para que servem.*

CAPÍTULO II:
DAS RESPONSABILIDADES

Quando você entra na faculdade, inevitavelmente ganha mais responsabilidades. Costumo dizer que não foi ao completar meus 18 anos que eu ganhei minha liberdade, mas foi ao entrar na faculdade.

A rotina de andar de transporte público sozinha virou normal, da mesma forma que meus pais tiveram que se acostumar com as saídas tarde da noite com os amigos, com os barzinhos que ficavam sempre distantes da minha casa e com as boates que eu precisava cruzar a cidade do Rio para chegar. Enfim, minha família e eu tivemos que nos acostumar com uma realidade diferente e nova.

Aos poucos, a tão esperada liberdade se somou com muito mais responsabilidades. Meus pais começaram a se afastar das minhas tomadas de decisões e a me incentivarem a seguir sozinha. Foi assim que eu me vi me tornando adulta.

Com o decorrer dos semestres e as responsabilidades e cobranças aumentando, a grande dificuldade que eu tive foi saber dividir meu tempo. É muito complicado, de uma hora para outra, receber uma porção de responsabilidades e ser exigido que elas sejam executadas com o máximo de capricho e perfeição.

Todos os que já passaram por essa transição de escola-faculdade dizem que tudo é bem diferente. Não foram poucas as vezes que ouvi durante o ensino médio alguém dizer: "aproveite bastante a escola, pois logo tudo vai mudar e você vai sentir saudades". Nossa, e como eu sinto saudades! Mas isso é tudo um processo e uma hora aceitamos que será assim daqui para frente!

Para mim, que emendei a escola ao ensino superior, a forma de ver o mundo mudou bastante. E acredito que até aqueles que já trabalhavam quando começaram a faculdade se viram numa estrada longa e com algumas pedras e encruzilhadas pelo caminho.

Isso ocorre porque você inevitavelmente ganha mais responsabilidades. A faculdade cobra que você seja mais independente. Tudo deve ser resolvido por você, e seus pais não têm mais qualquer função ali; então você se vê na obrigação e necessidade de resolver todos os seus problemas sozinho. Não é mais possível papai e mamãe ligarem para reclamar de um professor chato e você não vai mais ficar de castigo na coordenação. Os professores não fazem questão de saber seu nome, a não ser que faça por onde para que eles saibam (de forma positiva, obviamente), e, claro, não precisa mais levantar a mão para ir ao banheiro. Ficar ou não na sala é uma escolha sua, mas as consequências disso também só caberão a você.

Assim, aos poucos fui descobrindo que junto às responsabilidades, fatores como educação, gentileza, paciência, dedicação e maturidade são pré-requisitos para o ingresso na universidade. São esses atributos que farão você se destacar na sua faculdade e irão fazer seus professores e colegas te conhecerem, o que pode ser muito importante para a sua vida profissional.

> DICA: *seus melhores professores são seus pais, escute o que eles têm para dizer. Eles querem te ensinar da melhor forma. Pior do que errar e aprender com eles é errar e aprender com os outros.*

Diante de tantas possibilidades e atividades que temos para realizar durante a faculdade, saber priorizar e ser responsável por aquilo que você se coloca como parte é fundamental em qualquer momento do mercado profissional.

Diante disso, se você me disser que tudo é prioridade, nada mais será prioritário. Assim é que definimos nossos objetivos, responsabilidades e foco dentro do mundo acadêmico e profissional.

É claro que sempre podemos ajustar nossa direção, mas nunca esmorecer à primeira dificuldade. Devemos confiar nos nossos instintos e no que desejamos, pois se focarmos naquilo que queremos, certamente aplicaremos mais ímpeto no nosso objetivo e ficará mais fácil alcançá-lo.

Ser responsável é um misto de priorização, foco, energia, força de vontade e também organização e comprometimento.

Ter um foco também faz parte do processo de amadurecimento e confere ao indivíduo a responsabilidade por algo. A partir do momento em que se define o que quer para a sua vida, você estabelece um objetivo. Com isso, surge sua primeira obrigação: alcançá-lo. Agora você está comprometido com ele.

TEMA 1: SEU FOCO

Uma das coisas mais difíceis da vida é estabelecer um objetivo e seguir um sonho. Na maioria das vezes, só o fato de traçar um foco para sua vida e ter coragem para seguir esse caminho, mesmo com as adversidades, já é complexo demais.

Falando sobre vida e aspirações profissionais, eu ainda estou tentando consolidar meu caminho, definir meu foco e traçar objetivos. Sempre tenho projetos, e ao pensar nas adversidades me desanimo, mas é importante continuar e seguir em frente, se desafiar e ter coragem.

Na faculdade, não é muito diferente! Eu me recordo de várias vezes ter questionado se direito era o que eu queria. Por mais que gostasse de muitas matérias, existiam outras tantas que não tinha afinidade. Por mais que alguns professores fossem bons, carismáticos e didáticos, existiam outros tantos desorganizados, confusos e carrancudos.

As adversidades me fizeram questionar meu curso várias vezes. Conciliar o estágio com a faculdade, o fantasma da OAB e as dificuldades com o TCC já me assombravam desde o início; e, com o decorrer da faculdade, elas só ficaram piores. Eu me sentia muito nervosa, despreparada e cheias de dúvidas, mas, apesar de tudo, eu reconheci que deveria viver um passo de cada vez.

É importante ter sonhos, metas e objetivos futuros, mas a verdade é que a vida vai te levando e não é você quem leva a vida.

> DICA: *é muito importante ter sonhos e projetos. Eles são fundamentais para te dar vontade de viver e te fazer encontrar sentido na vida.*

Estudar bastante, passar na OAB no último ano da faculdade, me formar e ser juíza! Esses eram meus objetivos profissionais no primeiro período da faculdade. Aos poucos, algumas mudanças foram acontecendo dentro de mim. Desisti de ser juíza e passei a querer ser diplomata, depois promotora, depois montar meu próprio escritório e por assim vai... Foram muitos os sonhos que me ocorreram nos cinco anos de universidade e, com o tempo, percebi que é muito bom ter sonhos, mas você é mutável e não deve se condenar por essas mudanças.

> DICA: *ainda que seja importante termos sonhos e corrermos atrás deles, não devemos nos condenar se eles mudarem no decorrer de nossas vidas, porque nós também mudamos.*

Contudo, mesmo se seus sonhos e suas aspirações profissionais mudarem no decorrer da faculdade, uma coisa é certa: ser um estudante dedicado e fazer um bom curso será sempre o melhor caminho. Todo o conhecimento transmitido, todas as aulas, todos os trabalhos e suas amizades devem ser seu foco dentro do curso de direito.

É certo que nenhuma porta se abre só com um bom CR, mas sim com muito *networking*, carisma, dedicação e qualidade no seu trabalho. Ser um aluno aplicado é bem visto em qualquer situação.

Ser um aluno da galera, simpático e amigo de todos é realmente bom, as pessoas vão lembrar de você. Mas nada adianta se for um aluno que não estuda e que também não é reconhecido pela sua inteligência e dedicação, pois a verdade é que sua excelência é tão importante quanto seu carisma.

> DICA: *tenha como foco na faculdade um equilíbrio entre estudos e boas relações interpessoais. Isso não significa estar em todas as festas e "choppadas" da faculdade, mas se fazer presente e sempre estar atualizado com as novidades jurídicas.*

O direito exige muito e, às vezes, chega a ser exaustivo; você passa a ter certeza de que não vai conseguir lidar com tudo, mas é necessário se organizar e ter foco. É importante ter uma rotina de estudos, ainda que seja meia hora do seu dia, pois isso facilita a absorção do conteúdo. Eu sempre tentei, na medida do possível, com o tempo curto e os diversos trabalhos e afazeres, estudar diariamente. É certo que vez ou outra não dava e eu precisava escolher entre dormir, ir a uma festa de um parente, sair com os amigos ou estudar, e eu preferia qualquer uma das três primeiras opções. Porém, manter uma rotina de estudos é ótimo para fixar a matéria, e quando estiver chegando perto das provas, ainda que bata aquele desespero, posso garantir que facilita demais o estudo antes da prova, pois, ao reler o conteúdo, você vai perceber que a disciplina está fixada na sua mente.

Assim, a **dica** é que seu foco de faculdade seja uma rotina de estudos, mas é claro, tudo isso de forma saudável, nada demais faz bem à saúde. Sempre tente conciliar os estudos com seus afazeres e vice-versa.

Infelizmente, sempre tive o Mundo Jurídico como extremamente competitivo, mas por vezes essa competição é realizada por nós mesmos e conosco.

Muitas vezes surge aquele pensamento malévolo de que meu coleguinha não estuda ou não faz isso ou aquilo; ou você ouviu falar que alguém não se dedica tanto quanto você e gabarita tudo. À vista disso, aconselho que você ignore e olhe para si mesmo; não limite seu conhecimento apenas ao que se aprende na faculdade ou no que os outros fazem ou deixam de fazer.

Principalmente nos primeiros semestres da faculdade, eu tive uma fixação por manter minhas notas altas. Eu estava sempre estudando, às vezes relia a matéria diversas vezes e fazia mais do que o necessário por nervosismo, mas isso não necessariamente significava que eu fixava melhor, eu apenas perdia horas dos meus dias estudando por compulsão.

O meu primeiro ano na faculdade foi o pior. Cheguei ao nível de contar as horas em que eu não estudava e sofrer e me martirizar pelo tempo em que não estava estudando. Quando estava vendo televisão, mexendo no celular ou saindo com algum amigo, para mim, era perda de tempo, pois eu sempre achava que precisava estudar mais.

Esse fato me rendeu notas altíssimas, mas uma saúde mental enfraquecida, além de brigas intermináveis com meus amigos e meus familiares. Eu estava cada vez mais me sentindo sozinha e incompreendida.

Esse tipo de cobrança comigo mesma e a fixação com notas altas e meu CR pude resolver junto a um acompanhamento psicológico e, para mim, foi um divisor de águas. Perdi alguns centésimos de nota nos semestres seguintes, mas ganhei saúde mental. Passei a conseguir ter foco para os estudos e me divertir e relaxar sem me cobrar por aquele tempo.

Continuei estudando bastante e passei a saber organizar melhor meu tempo de estudo e de lazer, sempre me mantendo focada na atividade que eu estava desenvolvendo naquele momento. Encarei os estudos como parte da minha vida e não como ela toda, e o resultado disso foram ótimos rendimentos na faculdade, um CR sempre acima de 9,0 pontos e uma enorme leveza quanto a mim e meus objetivos.

Por isso, sempre dou a **dica** de que você tem que ser focado nos seus estudos e na sua faculdade, mas nem tanto e nem tão pouco. A vida vai muito mais além.

Meu rendimento acadêmico não caiu quase nada depois que passei a ver o estudo como um amigo e não como um pesadelo. Deixei de ser aconselhada e me tornei a conselheira de meus amigos, que na época de provas e principalmente na fase da OAB ficavam extremamente nervosos, às vezes passavam até mal. Eu tentava sempre acalmá-los e dizer para construir metas diárias e segui-las; o tempo do lazer deve ser de lazer e o tempo de estudo deve ser para estudar.

Aos poucos, eu tive a certeza de que o CR não me levaria tão longe quanto eu achava que poderia. Do que adianta notas altas, mas péssimas interações sociais e uma saúde mental destruída?

Esteja certo de que não serão as notas altas que traçarão nosso futuro e metas. Nós sempre vamos nos sentir despreparados para definir com exatidão nossos objetivos, mas isso só caberá a nós.

Vivemos em um mundo no qual aquele ditado de nossos pais, avós e professores que diz: "o estudo leva até onde você quiser" está ultrapassado. O estudo te leva longe, mas só se atrelado a bons relacionamentos, caráter, humildade e dedicação no trabalho, porque o estudo sozinho não leva nem até a esquina.

Torna-se, portanto, necessário que tenhamos responsabilidades com o futuro, e, com isso, quero dizer com o sucesso da empresa onde trabalhamos, com as tarefas realizadas e com a obtenção de boas notas.

Somos todos seres perdidos em uma sociedade cruel que não perdoa os fracos, mas que também nada faz para prepará-los para enfrentar desafios. Muitas vezes, nossos pais falam de suas experiências profissionais e depositam o que acreditam ser melhor para nós, contudo a sociedade não é feita somente do que eles acreditam ser o certo. Toda opinião e pensamento têm sua importância na formação de uma sociedade.

Por isso, digo também que, ao escolher nosso curso de faculdade e consequentemente nossa profissão, não devemos deixar que depositem em nós suas vontades e desejos, devemos ter coragem de definirmos por nós mesmos o destino de nossa felicidade.

Definir seu foco e objetivo é uma missão apenas sua. É aonde você quer chegar, suas metas e sonhos. É exatamente isso que incentiva as pessoas a todos os dias acordar, estudar e trabalhar, pois esses são os meios mais honrosos de se atingir o que quer.

Muitos podem ser os focos de um estudante de direito; acabar a faculdade e adquirir conhecimento na área, ser advogado ou prestar algum concurso. Seja qual for o seu, não desista dele, faça o máximo para que o atinja com sucesso.

Muitas vezes, entramos na faculdade sem saber ao certo o que queremos, mas acreditando que existe algo naquele universo de possibilidades que nos agrada. É difícil estabelecer de imediato qual o seu foco, todavia, é importante querer fazer parte do Mundo Jurídico. **Dica**: de nada importa seu foco se ele não foi criado para que você seja feliz. O principal objetivo do ser humano é a busca da felicidade, assim, tudo o que realizar deve ser a plantação para que se colha esse fruto.

O passo mais importante para ser responsável é tomar atitudes sensatas que emanam da sua própria vontade. Ser responsável é também fazer escolhas que, pelo menos ao seu ver, possam ser as certas, é tomar decisões maduras. Também é ouvir e muitas vezes aceitar que você estava errado, responsabilidade é não deixar que interfiram no seu foco e na sua busca pela felicidade.

Como já foi dito, ao entrar na faculdade, você conhecerá pessoas com os mais diversos valores, caracteres, objetivos e focos. Seja qual for a vontade dos indivíduos que te cercam, não deixe que os sonhos dos outros interfiram nos seus. Digo isso, porque o ser humano tem o incrível hábito de comparar e observar o que os outros fazem ou têm e querer fazer ou ter igual. **Dica**: tente se livrar desse pensamento comparativo.

Comparações são boas quando são feitas para que possamos aprender com elas. Devemos comparar-nos com os outros quando, no erro ou no acerto deles, podemos tirar alguma lição para nossas vidas, algo que nos ajude ou que nos traga alguma experiência.

Todavia, comparações feitas para menosprezar o próximo ou a si mesmo não são saudáveis. Cada indivíduo tem um foco e sabe o que quer; ou mesmo que não saiba ainda, está buscando o que traz felicidade. Assim, não devemos valorar de forma abusiva aquilo que o outro faz de modo a nos inferiorizar, pois as escolhas dele podem ser diferentes das suas e cabe a cada um decifrar o que lhe é agradável e prazeroso.

Também não devemos enaltecer atitudes e conquistas dos outros de forma a fazer com que nos sintamos mal se tais conquistas não pertencem ao que definimos como busca pela felicidade. Portanto, foco é também saber quais vitórias você pretende atingir, quais são seus valores, sonhos e metas.

TEMA 2: *PROFISSIONAIS DO DIREITO E FUTUROS COLEGAS DE TRABALHO*

A partir do momento em que você entra na faculdade, instantaneamente começa a fazer parte do tão aclamado Mundo Jurídico. Já na universidade sua vida profissional começa, pois é ali que você conhece seus futuros colegas de trabalho.

Enquanto progredimos pelos diferentes períodos da faculdade, entre matérias e professores distintos, as pessoas com quem convivemos na graduação sempre fazem parte do nosso dia a dia. Essas relações que criamos são chamadas de *networking*.

Networking é uma palavra muito comum no meio empresarial, mas podemos aplicar em qualquer contexto. Significa, na raiz de seu conceito, formar contatos e conexões entre as pessoas de modo a progredir na sua carreira.

Você deve estar pensando nesse momento: "então quer dizer que eu tenho que pensar em *networking* até na faculdade?". Não é como se tivéssemos que pensar. Afinal, ele já está ocorrendo a todo instante. Desde o "bom dia" para um colega de turma até uma forte amizade com um professor importante; tudo isso faz parte do conceito da palavra e pode ter repercussões que não mensuramos agora.

Pense que seus colegas de turma, veteranos, calouros, monitores e professores serão seus futuros colegas de trabalho. Eles estarão ocupando os mesmos cargos ou posições hierárquicas distintas às suas. Verão seu currículo e terão opiniões sobre você. Nessa futura etapa da vida, como você foi na faculdade e as relações que construiu poderão fazer grande diferença entre conseguir um emprego ou progredir nele.

É claro que, ao entrar na faculdade, podemos fazer bons amigos, talvez até melhores amigos, de todas as horas, os padrinhos dos seus filhos; mas, como em toda profissão, amizade profissional é também muito importante. Isso pode significar estender seus contatos e futuramente até mesmo seu mercado de trabalho.

Seus colegas de classe serão, futuramente, juízes, promotores, donos de grandes escritórios e muito mais que o direito pode proporcionar com suas diversas ramificações. Enfim, eles serão contatos para sua vida profissional e poderão te ajudar das mais diferentes formas, indicando a um emprego, esclarecendo dúvidas sobre uma determinada área, compartilhando notícias sobre cursos de extensão, dando seus contatos para clientes que buscam serviços diversos do que eles prestam ou ajudando a resolver aquele pepino no Tribunal. Não importa onde, quando ou como, eles são muito importantes.

Novamente você deve estar se fazendo uma pergunta que rondou minha cabeça por toda a graduação: "se eu tiver as melhores notas, terei mais sucesso, não é mesmo?". De fato, um desempenho melhor na graduação pode tornar o aluno um profissional mais capacitado, mas estamos, nesse caso, falando de teoria, logo não é tão diretamente proporcional assim.

A fim de exemplificar, façamos um exercício em nossa mente: imagine-se no seu primeiro emprego, aquele que você mais queria. Imagine sua mesa toda arrumada do jeito que você gosta, um computador bacana, enquanto você está com uma peça de roupa nova (comprada especialmente para começar sua jornada de trabalho). Agora, pense em uma mesa vazia à sua direita. Quem você preferiria que sentasse ali e fosse seu colega de trabalho? A pessoa com o melhor CR da sua turma ou seu melhor amigo(a)?

O propósito dessa pergunta não é ter uma resposta correta. Na verdade, evidencia que nós mesmos não pensamos somente em desempenho acadêmico quando o assunto é com quem vamos conviver diariamente. Esse modo de pensar é, de fato, o que todos fazem e a razão pela qual suas notas, ainda que essenciais, representam uma faceta do que é preciso para evoluir profissionalmente.

Assim, *networking* está associado a conhecer as pessoas certas na hora certa. Essas serão capazes de indicar para bons empregos ou auxiliar na conquista de promoções ao longo da carreira. Envolve ter uma rede de contatos que beneficia o indivíduo ao longo de sua jornada profissional. Parece um tanto orquestrado e calculado quando dito dessa forma, porém é mais intuitivo na prática. Como no exemplo dado, boas relações interpessoais são consideradas na hora de escolher manter um ambiente de trabalho agradável, ao lado de pessoas com quem se sinta confortável. Além disso, a convivência prévia abre a possibilidade de mostrar outras competências que não conseguem ser transmitidas em uma folha de papel lida por poucos minutos. A mesma situação pode ser observada no caminho oposto: ter uma relação conturbada com alguém pode desencorajar oportunidades de partilhar o mesmo ambiente de trabalho, com o risco de não ser tão prazeroso.

DICA: *sempre esteja aberto a conhecer pessoas novas.*

Quando você entra na faculdade, logo percebe que existem diferentes tipos de pessoas com diversos objetivos, portanto, diferentes tipos de amigos; aqueles para as baladas, os para o estudo e, se dermos sorte, um para os dois. Mas, ao entrar na faculdade e encontrar o seu meio social, você também está fazendo colegas de profissão.

O importante é ser sociável, não esperando necessariamente nada de ninguém. Aprendemos muitos com os outros sempre, com seus erros e acertos, então uma boa relação social é também uma boa forma de conhecimento.

Assim como o direito é subjetivo, as pessoas são diferentes. Visto isso, no Mundo Jurídico devemos sempre estar dispostos a ouvir e, às vezes, até mesmo percebemos que vale a pena mudar de opinião. Seus colegas são também uma fonte de conhecimento. Eles são conselheiros de profissão e podem te dar dicas e ajudar dentro e fora da faculdade, é sempre uma troca.

O Mundo Jurídico é muito amplo e o direito atua em diversos ramos. Tendo amigos espalhados nas diferentes áreas, você pode conhecer mais sobre eles e seus amigos podem te ajudar eventualmente.

DICA: *amizades abrem portas, guarde-as e preserve-as.*

Entretanto, não se esqueça, a vida é uma via de mão dupla; na mesma medida que um amigo pode ser bom para você, ele pode pôr tudo a perder. É importante fazer boas escolhas e amizades, ainda mais profissionalmente, pois elas repercutem na sua vida profissional também.

Como fazer para conhecer todas essas pessoas? Para isso, deve-se estar aberto a conhecer gente nova. Apesar de uns possuírem mais aptidão para isso, não é um processo que requer grandes habilidades. Cumprimentar, demonstrar interesse, ouvir, tudo isso é importante e prático de aplicar na vida cotidiana. Pode ser o passo inicial para desenvolver boas relações e fazer uma diferença que não parecia tão grande no começo. Esse tipo de comportamento não deve, contudo, ser feito de modo egoísta. *Networking* também se trata de reciprocidade: enquanto se é ajudado por outros, deve-se também ajudar quando em posição de contribuir para sua rede de contatos.

DICA: *as amizades não devem ser guiadas por interesses, sendo uma prática intuitiva. O processo de se aproximar de outros é natural e paulatino; e também engloba preservar as amizades prévias.*

Ainda assim, não se trata só de fazer muitos amigos para alcançar o rumo para o sucesso. O administrador de empresas e escritor Max Gehringer diz que é "uma questão de paciência e não urgência".

Como uma grande teia, as relações se ramificam em muitas direções e dependem de variáveis fora do controle. Ser indicado para um bom emprego pode não ocorrer na velocidade nem da maneira que se espera, o que pode ser muitas vezes frustrante. No entanto, a persistência em manter e formar relações é crucial para que novas oportunidades surjam. Isso deve ser sempre a prioridade.

DICA: *o fundamental do networking está em ser gentil, educado, empático e solidário; cultivar boas relações e colher os frutos disso; retribuir e ser retribuído por boas notícias e conquistas. É, em suma, sermos melhores pessoas para o mundo à nossa volta.*

É pautado nessa ideia de ser simpático e gentil que cabe trazer aqui um ponto importante. A respeito dos colegas de classe que têm pais, mães, tios, tias, familiares em geral que já fazem parte do Mundo Jurídico, tenho uma **dica**: aprenda a viver com eles. Ou, se esse for você, apenas seja você mesmo e respeite as limitações dos outros, aprofunde mais os ensinamentos que vêm de casa e dê valor a essa oportunidade, pois nem todos a têm.

Digo isso porque, muitas vezes, essas pessoas podem ter mais facilidade devido a seus contatos e pode não ser agradável ver alguém obter sucesso por algo que não precisou de tanto esforço. Seja um cargo num escritório, que futuramente ele irá conseguir porque alguém da família trabalha lá, ou até mesmo se sentir parte de um curso que, para você, parece tão novo e diferente, enquanto para ele pode parecer normal e simples.

Eu entrei na faculdade sem nem saber direito o que era a Constituição. Depois de um tempo, esse nome estranho já começou a me parecer familiar e virou para mim uma "amiga". Entretanto, para muitos dos meus colegas, ela sempre foi familiar. Eles já sabiam, às vezes, quais artigos falavam sobre o quê e isso, para mim, era de outro mundo!

Foi muito assustador, ainda mais porque, na minha faculdade, talvez por ser particular, havia muitas pessoas nessa condição, em que a família já descendia de gerações de advogados. Mas é simplesmente isso, aceite. Por mais que eu estudasse e me esforçasse muito porque eu realmente gostava daquilo, eles, ou até mesmo você que está lendo e encontra-se nessas condições, sabia ou sabe mais que eu naquela época. Porém, tudo é uma questão de tempo, esforço, dedicação e vontade.

Em poucos semestres essas diferenças se atenuam e o Mundo Jurídico será seu!

Outra consideração que faço é a importância de saber que é possível haver alguém que tire notas mais altas que você mesmo não estudando tanto, alguém que saiba de coisas que você nem desconfiava, sem nem ir à aula, que possa chegar em casa e perguntar aos pais, ao invés de consultar vários livros ou a internet e ficar estudando loucamente, como muitas vezes tive que fazer. Por causa disso, tenho uma outra **dica**: não tenha um conhecimento limitado.

Muitas vezes, por adquirirmos conhecimento com uma maior facilidade nos limitamos àquilo que já sabemos. O direito não está só nos códigos, leis ou no que nossos familiares pensam, mas também na jurisprudência, doutrina e no seu conhecimento adquirido, enfim, ele está em tudo e sempre estará pronto para ser ainda mais estudado.

Assim, a grande **dica** é: não importa o conhecimento que o seu colega tenha ou a facilidade com que chega a ele, faça o melhor que pode e seja feliz com isso.

Agora você verá uma seleção de dicas que podem te ajudar a criar boas relações na faculdade:

> DICA: *professores, coordenadores e até os diretores da sua faculdade podem ser seus amigos. Esqueça essa de "puxa saco"; eles são mais experientes e podem te ajudar muito, e é isso que importa.*

> DICA: *siga no Twitter, Instagram, Facebook e todas as mídias sociais possíveis seus professores e páginas sobre direito. É uma ótima forma de ficar atualizado sobre temas jurídicos.*

> DICA: *ser legal, descontraído e, ao mesmo tempo, dedicado e estudioso é a dica para o sucesso, porém não é nada fácil manter esse equilíbrio. Haverá pessoas que tentarão te desviar do seu*

foco, dizendo coisas ruins e tentando te pôr para baixo. Ainda assim, dê respeito a elas e mostre ser superior; devolver na mesma moeda é só uma forma de demonstrar o quanto essas atitudes te abalam, desse modo, apenas ignore-as e mostre com atitudes que você pode ser muito melhor.

DICA: *não se misture com a turminha errada. Você terá cinco anos de faculdade para fazer amigos, mas um semestre de más escolhas pode te prejudicar. No início do curso, todos querem recuperar o tempo perdido e fazer tudo o que não puderam na época de vestibular, não caia nessa; você pode se divertir e ir a festas, porém tudo no limite certo. Sempre terá uma turminha que parece ter a missão de desvirtuar o maior número de estudantes possível; fale com eles, converse e até saia de vez em quando, mas não deixe que eles sejam sua primeira opção, muito menos a única, pois isso poderá te tirar do seu foco e te pôr para baixo. Mais tarde, você irá perceber que podia ter feito algo a mais e melhor para ser um excelente profissional.*

DICA: *se encontre e busque seu foco. Essa, para mim, é uma das dicas mais importantes, mas também a mais difícil; ainda estou nessa jornada. O direito tem um campo enorme de escolhas e você perceberá que não é o único a querer mudar de área e profissão ao longo da faculdade. Conhecer um pouquinho de cada caminho e buscar ouvir conselhos e opiniões de pessoas mais experientes no ramo é sempre uma boa.*

Eu sei que saber lidar com as pessoas é um dos maiores desafios, não só da faculdade, mas creio que da vida. Na universidade, você passa a perceber melhor como isso é importante.

Lá, você conhece pessoas que possivelmente terão influência na sua vida profissional e que podem te prejudicar ou te ajudar de diferentes formas.

Por ora, minha pouca experiência em lidar com estudantes de direito me ensinou que tomar cuidado com as palavras é essencial. O senso de humor das pessoas, na faculdade, torna-se mais reduzido, e talvez por todo estudante de direito ter opiniões bem fortes e ser determinado é que o problema fica ainda maior. Não falo apenas de amigos, mas professores, coordenadores, dentre outros. Saber falar e introduzir suas ideias é essencial.

> DICA: *pessoas não gostam de ser contrariadas, cuidado! Por mais que você esteja apenas tentando ajudar ou meramente emitindo uma opinião diversa numa conversa informal, saber como fazê-lo é importante. Em regra, pessoas são orgulhosas, e se ouvir os seus pais ou familiares discordarem de você já é difícil, imagina o quanto é complicado quando se trata de alguém que não possui laços sanguíneos e detém, em regra, a mesma margem de conhecimento. Ou pior, imagine-se na condição de professor ou coordenador ser contrariado por um aluno, por isso, deve-se tomar bastante cuidado com as palavras.*

Saber ouvir é essencial. Nada melhor do que ouvir para aprendermos e entendermos o que o outro verdadeiramente quer dizer. Além disso, uma **dica** importante é: tente sempre ser o mais claro possível. Não dê margens para interpretações erradas, ainda mais se puderem gerar um entendimento ofensivo.

Ser simpático, amigável e educado sempre é fundamental, mesmo quando você quiser discordar de alguém. Uma **dica** importante é: tente parecer relaxado, descontraído e cordial. Normalmente, expressões corporais que indicam que você está nervoso e estressado tendem a fazer com que o outro se sinta da mesma forma.

Outra **dica** que acho muito importante nas relações interpessoais, não só de forma profissional, mas também pessoal, é trazer o foco para você. Ou seja, nunca diga que a pessoa está errada e nem use palavras rudes ou ofensivas. Discordar é ter uma opinião diferente. Pontos de vista diversos existem, no entanto, você deve saber colocá-los em uma conversa; diga como você pensa a respeito do assunto e deixe que a própria pessoa descubra "se" e "em que" está errada. Acredito que a grande questão é tentar não ser tão direto, seja assim somente quando estritamente necessário.

Por último, mas não menos importante, nessa minha passagem pela faculdade, aprendi uma **dica** que é muito útil: tentar começar sua exposição de ideias sempre dizendo que respeita a opinião alheia, mas discorda em determinado ponto. Cite esse ponto e argumente, expondo suas ideias de forma clara, respeitosa e gentil.

CAPÍTULO III: DO ENGAJAMENTO NA FACULDADE

Eu gosto e devo defender o ponto de que ingressar em uma faculdade não só está ligado aos estudos, mas também ao início da sua trajetória profissional. Assim, a forma como você age, fala e se porta diante das situações já será observada e relacionada a como se portaria no seu futuro ambiente de trabalho, por exemplo.

Uma das principais lições que aprendi tarde demais na faculdade foi seguir meus instintos. Talvez porque eu entrei muito cedo ou porque simplesmente vivia com medo de fugir dos padrões, com isso, deixei muitas vezes de lado minha parte criativa e autêntica.

Quando falo de mim e desse lado mais pessoal e interior, penso bastante em liderar. Eu sempre gostei de fazer parte de projetos na condição de líder. No colégio, vivia implementando atividades diferentes ou propondo inovações.

Por exemplo, como sempre gostei bastante de dançar, algumas amigas e eu propusemos ao professor de educação física que, ao invés de competir jogando algum esporte, queríamos nos apresentar como líderes de torcida. Ele adorou a ideia e nós ganhamos a nota total.

Outra vez, num trabalho sobre "química dos alimentos", propus que falássemos sobre o chocolate, uma vez que sou chocólatra, não tinha alimento melhor para se discutir que nos deixa tão apaixonados. Além disso, para apresentar o trabalho, meus colegas de classe e eu nos fantasiamos de Umpa-Lumpas e cozinheiros e fizemos na sala um cenário do filme *A Fantástica Fábrica de Chocolate*. Até o professor se fantasiou de Willy Wonka.

Assim, deixei um pouco de lado todo esse ar criativo e de liderança durante a faculdade, não porque não me permitiam, mas eu deixei de me permitir. Então, não me envolvi em atividades como a participação no Centro Acadêmico, na Atlética ou até mesmo ser representante de turma ou organizadora da formatura. Meus ares criativos e de liderança se limitaram aos trabalhos de faculdade, ou seja, faltou-me engajamento nas atividades.

Essa não é uma parte que me orgulho e nem que aconselho sobre a vivência de faculdade. Certamente não o aconselho. Por isso, a minha primeira **dica** sobre esse tema é: não se limite! Não se ponha restrições pelos outros e nem por medo ou vergonha. Nada é irreparável nessa vida, fora a morte, então, caso você se envolva em um projeto que não goste ou te traga problemas futuramente, basta pedir para abandoná-lo. Ninguém deve te impedir de fazer o que quiser fazer.

Assim, é sempre bom se esforçar a lembrar, durante a faculdade, de não ter medo e de se permitir descobrir atividades e projetos diferentes. Portanto, minha **dica** para caso esteja em dúvida se quer ou não participar é que participe. Permita-se descobrir algo novo e que você pode gostar ou não. Dessa forma, depois não ficará pelos cantos como eu, perguntando "e se eu tivesse feito tal coisa?".

Saiba que todo e qualquer envolvimento em atividades na faculdade é de suma importância, tanto para você ganhar experiências quanto para conhecer pessoas. Para mim, as relações interpessoais são extremamente importantes, tanto pessoal quanto profissional. Saber ouvir e falar com as pessoas é quase um dom, além de precisar de muita prática. Então, seja engajado e viva a faculdade intensamente; aproveite as oportunidades que ela oferece.

TEMA 1: DOS TRABALHOS DE FACULDADE

É interessante como eu, antes de entrar na faculdade, sempre imaginei como seriam os trabalhos. Lembro de conversar com a minha irmã mais velha e alguns amigos já universitários e eles me contarem o quanto era difícil um projeto realizado na graduação.

Eu ficava assustadíssima e imaginava ser possível sair um bicho de sete cabeças de dentro deles. Porém, foi interessante como, aos poucos, percebi que realizar um trabalho na faculdade, individualmente ou em grupo, não era lá tão diferente assim de como era no ensino médio.

É claro que algumas coisas são diferentes. Deixamos de lado a cartolina, o papel quarenta quilos, as colas coloridas e os recortes de revista, pelo menos no curso de direito. Sempre me bateu uma saudade do lápis de cor, da cola e da tesoura sem ponta. A régua, por exemplo, só se fosse para cortar papel; sempre era um item quase em extinção nos estojos dos estudantes. Mas, de resto, é tudo bastante similar.

Os trabalhos normalmente são apresentados de forma oral, mas também é necessária a parte escrita. Essa é similar a um trabalho de história do ensino médio. Tal como uma pesquisa, você tem um tema e é necessário desenvolvê-lo, então o professor define até que ponto você pode e deve se estender e como deseja que você se empenhe mais em procurar.

Fique tranquilo, pois, principalmente nos primeiros perío-dos, os professores fazem um enorme esforço para definir exa-tamente o que desejam que contenha no trabalho. Sendo assim, aos poucos você vai pegando o jeito de como deve ser feito.

A grande dificuldade está mais nas cobranças e em como achar o conteúdo a ser exposto. Além disso, também está na apresentação oral e em como lidar com seus colegas, caso o trabalho seja em grupo.

Não se assuste! Todas as cobranças vão piorar com o tempo, mas você terá chances de se acostumar, basta inicialmente ser comprometido e apresentar um trabalho que considere bom.

Sobre a apresentação oral, minha **dica** é: se exponha! Não tenha medo de se arriscar. O quanto antes você lidar com o risco, melhor, pois as cobranças aumentam com o tempo. Então, aproveite enquanto as cobranças ainda são menores do que no fim da faculdade ou no mercado de trabalho. Assim, respire fundo, ensaie suas apresentações e vá em frente.

Uma outra boa **dica** é: fazer slides para a apresentação oral. Você vai evitar os olhares dos demais colegas de classe, que estarão preocupados em ver o projetor. Isso te dará uma segurança de que se tudo der errado e você esquecer o conteúdo, terá um recurso visual para te lembrar sobre o que falar bem ali do seu ladinho, basta virar a cabeça!

O que me leva à terceira **dica**: não coloque muito texto nas apresentações de slide, eles se tornam maçantes. As pessoas vão se preocupar em ficar lendo e parar de prestar atenção no que você fala, o que prejudicará o seu trabalho, ou vão desistir rapidamente de ler e voltar os olhos atentos para você, o que te deixará nervoso. Use palavras-chave e um slide com movimento. Aconselho a explorar bastante a ferramenta do *PowerPoint*. Porém, embora eu recomende usar movimento e cores nos slides, não deixe sua apresentação pesada, com cores berrantes ou algo assim; tente torná-la leve e ao mesmo tempo dinâmica. Além disso, sinta-se confortável com sua apresentação, veja como uma ajuda e não algo que possa te prejudicar.

Passados os obstáculos de se desenvolver um trabalho universitário, seja a parte escrita ou oral, vem o grande desafio de trabalhar em grupo. Já aviso de pronto que na faculdade de direito é bem comum que os trabalhos sejam realizados em grupo, dupla ou trio; poucos serão os individuais. Trabalhar em grupo é sempre desafiador. Encontrar seu papel numa equipe, seja no estágio, no trabalho ou num projeto, como Empresas Juniores da faculdade, é sempre bastante difícil.

As pessoas pensam, agem e se dedicam de formas diferentes. Entender e se adequar pode ser difícil, mas você não pode desistir!

Como sempre, saber lidar com as pessoas é de suma importância para qualquer atividade em grupo. Constantemente haverá aqueles que participarão mais que outros, e, se você ocupar um lugar de liderança, ficará ainda mais difícil e sua participação será fundamental.

Em todo projeto realizado em grupo, uma reclamação comum dos integrantes é a falta de interesse por parte de alguns membros. É sempre difícil participar de um projeto quando não há uma união de forças, ou seja, você está engajado, mas existem pessoas que não estão no mesmo ritmo.

Uma outra característica que acho interessante para uma boa realização de trabalho em grupo é flexibilidade. Ser flexível é fundamental. Assim, uma boa **dica** é saber que trabalhos em grupo dificilmente sairão conforme você imaginava no princípio, então elabore planos de como quer que ele se desenvolva, mas não se agarre muito a eles. Quando se está trabalhando com várias pessoas, diversas serão as vontades colidentes, logo é importante saber lidar com isso.

Se você acredita que certo trabalho em grupo deve ser de uma forma muito exata e peculiar, saiba que isso raramente acontecerá. Guarde suas ideias específicas para um projeto individual, pois em um trabalho em grupo vocês deverão compartilhar ideias e interesses. Portanto, é necessário que todos possam se sentir ouvidos, então não respeite só a sua vontade, mas a do resto da equipe também, principalmente se você for o líder, pois é importante que os demais sintam que seu líder os escuta.

DICA: *toda sugestão deve soar apenas como tal. Não imponha suas vontades. Saiba que a cada sugestão você pode receber um sim ou um não dos outros membros do grupo, então prepare-se para isso.*

O estopim dos trabalhos em grupo certamente são os Grupos de Pesquisa. Se você tiver um viés mais pesquisador e gostar de estudar e entender temas controversos, aconselho-o a procurar algum Grupo de Pesquisa da faculdade ou até mesmo conversar com um professor de uma matéria que você tenha interesse e perguntar se ele não gostaria de pesquisar e se aprofundar no tema.

> DICA: *não tenha medo de parecer interessado. Professores adoram alunos que perguntam e mostram que querem aprender!*

Felizmente, por esse vale das sombras eu percorri e nada de tenebroso encontrei. Embora, de vez em quando, eu tivesse algumas desavenças com amigos sobre o trabalho, ou os prazos, por vezes, fossem bastantes apertados e o tarefa bastante extensa, gostei de participar de um grupo de pesquisa.

Fiz parte do Grupo de Pesquisa da minha faculdade durante os dois semestres de 2014, ou seja, meus 3º e 4º períodos. Foi uma boa época, em que eu já tinha uma noção do que era o direito, além de ter mais tempo e disposição para estar num projeto desse, que requer bastante dedicação.

Entrei no Grupo de Penal e foi bem interessante, mesmo sem uma afinidade com essa matéria. De todas as disciplinas do direito, sempre achei que Direito Penal fosse mais da língua do povo, que todo mundo gostava de saber, discutir e perguntar, e lá fui eu.

Entrei no grupo com alguns dos meus amigos, o que foi ótimo, pois já tínhamos intimidade para falar o que pensávamos uns para os outros. Realmente foi bom, porque nos aproximamos mais ainda. Tínhamos mais um interesse em comum e, com isso, ganhamos mais intimidade. Acredito até que ali nossa amizade se formou.

A **dica** que eu dou para se fazer um bom trabalho de pesquisa é: pesquise muito e seja paciente! Realmente é importante falar isso, porque muitas vezes tendemos a achar que iremos encontrar tudo de imediato. Porém, nossa cabeça e visão de um dia podem ser diferentes em outro, então é natural que um assunto pesquisado se estenda por algum tempo.

> DICA: *atender os prazos. Se tem algo importante no mundo jurídico são os prazos, então mostre desde sempre que você cumpre seus compromissos no tempo acordado. Isso é de fundamental importância.*

Pois bem, de modo geral, um trabalho de pesquisa não se difere muito de um trabalho comum, mas é bem mais aprofundado e com informações mais robustas e retiradas de diferentes fontes.

Uma outra boa **dica** é: atenda os conselhos e comandos do professor ou do orientador que está supervisionando o seu trabalho. Caso discorde de algo, converse com ele. Busque atuar com transparência, pergunte e tire dúvidas sempre que preciso e tente manter uma boa relação com seus professores e coordenadores.

Por falar em manter uma boa relação com docentes que estão diretamente ligados aos seus trabalhos, acredito que o maior dos trabalhos em grupo na faculdade é o de representação de turma. Esse é um ótimo lugar para você exercitar seus ares de liderança, criatividade, empatia e paciência.

Sim, é necessário ter bastante paciência para ser representante de turma. Eu digo isso mesmo sem ter exercido esse papel na faculdade, porque fui diversas vezes representante de turma no colégio. Além do mais, tinha amigas muito próximas que eram as representantes das minhas turmas da faculdade, sendo assim, pude sentir um pouquinho com elas como é difícil essa missão.

Certamente, ser representante de turma é uma experiência enriquecedora em diversos pontos, pois é possível desenvolver não só o senso de liderança, como também a empatia e a capacidade de ouvir diferentes opiniões e, muitas vezes, harmonizá-las e levá-las à coordenação, sendo um porta voz dos interesses da sua turma, além de ter a possibilidade de ser a comunicação com os professores.

É exatamente por isso que ter uma boa relação tanto com os alunos quanto com a coordenação e os professores é uma função básica para um representante de turma. Você conviverá diretamente com ambos os lados todo o tempo e terá sempre como função esclarecer dúvidas dos alunos, influenciar da melhor maneira possível e se desenvolver com aquelas pessoas que você representa e com os professores e a própria faculdade. Portanto, é importante que haja um ambiente saudável e transparente, onde se tenta buscar sempre o melhor para todos para fazer com que a sua turma seja ouvida ao máximo, pois você desempenhará o papel de ser porta voz dela.

> DICA: *para realizar uma boa representação de turma, é necessário ter muita responsabilidade. Saiba que ali não se trata apenas de você, mas é necessário pensar no todo. Você estará representando um grupo de pessoas, então mais do que nunca é preciso dar o seu melhor, ser comprometido e responsável com as atividades a serem realizadas.*

Por outro lado, essa função traz em si muito mais cobranças por parte de seus colegas de classe e já adianto que, muitas vezes, ela vem por problemas que nem sempre podem ser solucionados por um representante de turma, apenas pela coordenação.

Como um ótimo exemplo que era sempre recorrente nos meus períodos da faculdade, está a mudança do dia de alguma prova ou da entrega de trabalho. Seja pelo motivo que fosse, os alunos sempre cobravam que o representante mudasse a data, sendo que o máximo que ele podia fazer era levar essa insatisfação à coordenação e aos professores responsáveis. Porém, se eles não alterassem, nada poderia ser feito pelo representante.

De toda forma, considero que mesmo as experiências negativas são importantes para o desenvolvimento como um bom profissional e principalmente como um bom líder. Frente às adversidades e em relação ao modo de lidar com as pessoas e com a pluralidade de opiniões, você deve buscar sempre agir com respeito, sabedoria e paciência.

Com tudo isso, espero tê-lo ajudado a entender melhor como é realizar um trabalho no ambiente de faculdade, principalmente o que se desenvolve em grupo. Lembre-se da importância de saber lidar com pessoas dentro de um trabalho em grupo e, como eu costumo dizer, fique tranquilo que vai dar tudo certo!

TEMA 2: DO CENTRO ACADÊMICO E DA ATLÉTICA

Destinei este tema para tratar um pouco menos sobre os trabalhos e estudos na faculdade e muito mais sobre a sua participação no ambiente universitário, com foco nos Diretórios (ou Centros) Acadêmicos e nas Associações Atléticas.

Talvez você já tenha ouvido esses nomes com uma leve torcida de nariz, pois, antes de entrar na faculdade, temos a impressão de que qualquer projeto diretamente com a instituição que nos educa é meio chato.

A ideia aqui é mostrar como se vincular a essas instituições pode ser bom para sua vida acadêmica. Isso pode oferecer um crescimento individual e abrir seus olhos para outras formas de enxergar o ambiente dentro e fora da universidade.

Eu, infelizmente, me deixei agir por medo, ou talvez mesmo por comodidade, e não participei desses diretórios. Embora sempre tenha gostado de liderar, como já foi dito, e modéstia à parte acredito que até faço isso bem, ainda que muitos dos meus amigos insistissem para que eu tivesse uma participação mais ativa na faculdade, até mesmo sendo representante de turma, eu dizia que dava muito trabalho e simplesmente não me candidatava.

Mas, felizmente, muitos amigos não se deixaram levar pelo pensamento de ser muito trabalhoso e foram super engajados nesses projetos durante a faculdade. Então, eu conversei bastante com eles para poder trazer este tema cheio de dicas e experiências.

Antes de mais nada, cabe aqui diferenciar o que são os Centros Acadêmicos e a Atlética. Nos cursos que têm tanto a Atlética quanto o Centro Acadêmico, a primeira fica com uma parte mais executiva, principalmente na área de esportes, como a organização de campeonatos, levantamento de renda para investir nos treinos e em competições do curso. Enquanto isso, o segundo tem uma função mais de discussões e planejamento de ações voltadas ao curso, em que há rodas de conversas sobre assuntos e problemas da faculdade, algo mais político.

As funções de um Centro Acadêmico são: organizar atividades acadêmicas extracurriculares como debates, discussões, palestras, semanas temáticas, recepção de calouros e realização de projetos de extensão; encaminhar, mobilizar e organizar reivindicações e ações políticas dos estudantes; mediar negociações e conflitos individuais e coletivos entre os estudantes e a faculdade; realizar atividades culturais, como feiras de livros e festivais diversos; entre muitas outras coisas. É, portanto, um espaço de representatividade dos alunos de um determinado curso. E, como um bom livro de direito, não poderia faltar a lei que regulamenta isso! A Lei nº 7395, de 31 de outubro de 1985.

Colocando de forma mais prática, sabe aquele professor que não quer mudar a data da prova mesmo sendo um dia ruim para os alunos? Ou então aquele que demora muito para liberar as notas? Essas são pautas que podem ser levadas ao Centro Acadêmico para que esse medeie o diálogo entre o professor e a turma.

Casos de discriminação ou assédio também podem ser denunciados a essas entidades, para que procurem as sanções pertinentes.

Algumas universidades possuem uma Associação Atlética como um subgrupo do Centro ou Diretório Acadêmico, ao passo que outras manifestam essa entidade de forma independente. Essa associação, por sua vez, se vincula à vida esportiva dos alunos, coordenando a prática de diversas modalidades e a participação de jogos universitários (no caso de direito, os Jogos Jurídicos). Sim, os Jogos Jurídicos têm muito mais do que beber e curtir as festas, e as Associações Atléticas atuam para que os esportes transcorram da melhor forma possível.

Muitos acadêmicos entram na Atlética e nos Centros Acadêmicos principalmente como uma forma de se sentir parte da faculdade, vivenciar de forma mais assídua essa fase da vida e ter um sentimento de pertencimento. Além do mais, de um modo geral, isso faz bem para o ego, pois ser membro desses diretórios traz, como consequência, uma certa popularidade, na medida em que os demais estudantes precisarão saber quem é você, até mesmo para ter seus problemas e questões resolvidas, uma vez que será responsável por resolvê-las.

> DICA: *controle esse sentimento de vaidade. É normal que você sinta uma mudança drástica de vida antes e depois de fazer parte desses diretórios. Sendo assim, entenda essa situação e seja humilde, compreenda que você está lá para ajudar as pessoas e não para ser popular na faculdade. Da mesma forma que ser conhecido te traz ótimas consequências, também traz outras bem ruins, pois você será exemplo e sempre observado e cobrado.*

Uma vez que se lida com muitas pessoas, umas das principais lições que pode se tirar de ser membro de algum Diretório Acadêmico é saber ouvir mais e reagir de forma mais calma e paciente diante das situações adversas. Você passa a saber como se relacionar com outros e a ser mais empático, já que trabalha com várias pessoas, jeitos e modos, o que para o curso do direito é muito importante. O trabalho de um jurista é fundamentalmente a comunicação e a dialética.

Com esse tipo de participação em diretórios é importante ser claro e transparente, além de saber evitar reações exageradas. Ou seja, é necessário trabalhar sempre com um equilíbrio emocional e controle de palavras e atitudes. Deixo esses dizeres também como uma **dica** para toda a sua vida.

Assim, participar da Atlética ou do Centro Acadêmico é realmente algo interessante para quem quer fazer a vivência de faculdade ainda mais intensa, pois nesses é possível extrair todas as experiências boas e ruins de uma universidade, trazendo para os universitários uma sensação forte de pertencimento. Sinto não ter vivenciado isso, mas se for do seu desejo, aconselho bastante, porque é uma ótima forma de conhecer pessoas e também fazer amigos.

Se você tem um espírito de liderança, o Diretório Acadêmico, dependendo da função que ocupa, certamente é o lugar certo para que desengavete esse sentimento e libere todo o seu ar criativo para buscar fazer experiências novas para a sua faculdade e o seu curso.

Nessas instituições, você realmente lida com gerenciamento de pessoas, pois elas funcionam, na maioria das vezes, como uma empresa, então você exerce funções como um chefe ou funcionário.

O mais interessante sempre é entender como oferecer motivação para as pessoas que não estão recebendo nada para estar lá, porque, sim, esse é um ponto importante. Você oferece todo seu esforço para uma instituição que não te dará nenhum recurso financeiro em troca, apenas a experiência e um bom ponto no currículo.

Então, oferecer motivação, ser motivação ou permanecer motivado a estar lá é sempre algo certamente difícil, mas importante. Ser engajado nesses projetos é primordial!

Caso você atue como líder de um desses diretórios, a **dica** que dou é: seja o exemplo. Um bom líder é aquele que atua junto com os demais. Essa é a melhor forma de oferecer motivação e de sentir que seu trabalho está sendo bem aceito e que os outros estão trabalhando e se sentindo bem com isso.

Participar de qualquer entidade universitária não demanda mais do que interesse e motivação. É uma atividade voluntária que se beneficia muito de quem está disposto a ajudar os outros integrantes e a atuar nas pautas que as instituições priorizam. Isso pode ser gratificante no sentido de aprender novas habilidades: financeira, já que pode lidar com dinheiro da venda de produtos, lucro de eventos e os gastos com manutenção de sedes e pagamentos; relacional, na medida em que interage tanto com alunos quanto com professores, diretores e reitores (no caso das Atléticas, incluem também treinadores); administrativa, gerenciando a atividades dos próprios integrantes das entidades.

É, portanto, uma forma de acumular novas experiências e contatos que podem somar após a formatura. Isso sem contar os diversos momentos marcantes e gratificantes que serão lembrados anos após a colação de grau.

Contudo, o trabalho que a participação nessas entidades demanda pode interferir no resto da sua vida acadêmica, devido a todo esforço, trabalho e empenho que se deve colocar nessas atividades. Algumas aulas, almoços e horários de estudos serão utilizados para desempenhar alguma função; os eventos universitários terão menos tempo de curtição e mais de trabalho e estresse.

> DICA: *a busca pelo equilíbrio envolve não só se preocupar menos com alguma disciplina que seja prejudicada, como também entender suas limitações e diminuir o trabalho ou até se afastar do Centro Acadêmico ou da Associação Atlética. É preciso assimilar que, para fazer parte desses grupos, é necessário dispor de tempo e motivação, o que nem sempre teremos ao longo de nossa formação.*

De todas as experiências que pude ouvir sobre esses projetos de liderança da faculdade – Centro Acadêmico, Atlética e Representante de Turma –, de modo geral só soube coisas boas. Os amigos que puderam participar de uma ou de todas essas experiências viviam afirmando que, se você gosta de participar da faculdade, tanto dos problemas como dos momentos bons, é o melhor para se fazer, e que, apesar das dificuldades, eles certamente preferiram estar ali do que não estar.

Mas nem tudo são maravilhas, uma vez que ser do Centro Acadêmico ou até mesmo representante de turma requer que você esteja num contato direto entre professores, alunos e coordenação da faculdade, isso às vezes sobrecarrega e ocupa seu tempo de um modo invasivo.

Muitos colegas levam todo e qualquer problema da faculdade até você e exigem que seja a solução deles. Uma **dica**: é importante não se sentir pressionado com esses tipos de cobrança. O problema de uma pessoa é sempre maior para ela, mas saber priorizar o que você precisa resolver é essencial para que não perca o controle dos seus afazeres e até mesmo da sua mente.

O Centro Acadêmico e a Atlética são lugares para se desenvolver a criatividade e ideias, mas é essencial que essas se tornem práticas e, para isso, é muito importante um trabalho em grupo. Caso você esteja num papel de liderança, é primordial saber ouvir, porém também é preciso entender que nem sempre você poderá agradar a todos.

> DICA: *talvez em determinadas situações seja necessário delegar tarefas. Saiba usar esse tipo de função, isso quer dizer, atribuir tarefas a quem consiga executá-las. Passe-as com calma, paciência e tenha certeza de que as pessoas que irão realizá-las entenderam corretamente não só como fazer, mas o propósito pelo qual estão realizando, qual o fim e o objetivo maior que alcançam ao executá-la.*

> DICA: *não veja barreiras entre a sua posição de aluno e a de um professor ou coordenador. Nesses tipos de atividade é importante saber que esse contato será de extrema importância, pois será seu papel interligar os diferentes tipos de interesse.*

É importante ter em mente que exercer uma posição de destaque traz também consequências ruins, pois é você quem estará à vista de todos para cobrar, reclamar, acertar e errar. Pode acontecer de você tomar uma decisão que não agrade a todos e isso faça com que seja culpado e menos amado por certas pessoas que possam se sentir prejudicadas.

DICA: *meça sempre suas palavras. Como em qualquer outra situação de vida e profissionalmente também, evite ser incisivo e rude; tome cuidado com a forma e com o que você fala.*

Situações de discórdia dentro dessas instituições podem lhe causar angústia. A **dica** que tenho para isso é saber que muitos sentimentos só irão ocorrer pela posição que você está ocupando. Como eu disse, estar em destaque faz com que você apareça e é muito mais fácil que as pessoas pontuem todos os seus erros e falhas. Tente controlar suas emoções e esses períodos de sombra. Você não é uma pessoa ruim porque momentaneamente alguém apenas pontua os seus erros.

DICA: *existem pessoas éticas e antiéticas. Mantenha seus valores e critérios, ainda que muitos não concordem. Eles são o que você tem de mais fundamental, então não os abale apenas para agradar os outros.*

Bom, eu sou uma forte incentivadora a uma vivência mais profunda no ambiente de faculdade, pois, embora não tenha tido isso, convivi com muitos amigos que me passaram como essa relação foi importante para eles, até mesmo no desenvolvimento como pessoas.

Hoje, vejo que eles são realmente satisfeitos com essas escolhas e verdadeiramente felizes por terem feito. Assim, espero que você entenda que não é como se devesse participar de qualquer uma dessas atividades que mencionei nesse capítulo, mas que, caso queira participar de alguma delas, vai ser importante que corra atrás do que deseja e participe. Seja engajado, faça seu melhor e seja feliz!

CAPÍTULO IV: DOS ESTÁGIOS

A faculdade passa e você começa a ouvir que vários colegas seus já estão estagiando. Uns iniciam logo que entram no curso e outros enrolam o máximo que podem para começar a juntar o direito à prática.

Não importa qual seja a opção que você faça, saiba que os estágios são ótimos *test drives* para a vida pós faculdade. Você acha que o curso está difícil o suficiente até você querer ou ser obrigado a fazer estágio.

Quando eu comecei a fazer estágio, achava que aquela experiência seria apenas para aprender a teoria da faculdade na prática, mas a verdade é que conforme eu passava por eles, cada vez tinha mais ainda a certeza de que as experiências que eu adquiria eram bem diferentes do que um dia pude imaginar. Elas iam muito além do curso, eram verdadeiramente uma vivência profissional.

Tive o prazer de rodar pelos principais setores de estágio em direito e de estagiar em ramos diferentes também. Fiz estágio em escritório, em empresa e na Procuradoria Geral do Estado do Rio de Janeiro, ou seja, no setor público. Por mais que eu ainda me encontre perdida no que quero fazer com minha formação acadêmica, onde quero atuar e qual ramo quero me especializar e seguir profissão, ter passado por esses três principais setores foi ótimo para que eu adquirisse experiência e ganhasse conhecimento técnico e profissional. Até porque, como eu nunca tive ninguém da família que fizesse parte do Mundo Jurídico, precisei construir os conhecimentos das áreas sozinha.

É importante você saber que, ao contrário do que qualquer colega seu possa dizer, a faculdade de direito só exige o estágio nos dois últimos anos da faculdade, ou seja, a partir do 7º período. Nesses dois anos, a universidade normalmente tem uma disciplina específica; na minha era chamada de Estágio Supervisionado. Você pode optar por fazer parte de um escritório modelo supervisionado, coordenado ou parceiro da sua faculdade, o que chamamos de estágio interno, ou escolher por si outro estágio jurídico externo, seja num órgão público, escritório, empresa etc. aprovado pelo MEC e pela OAB.

Seja qual for a sua opção, você é obrigado pela faculdade a conciliar a prática com a teoria nos dois últimos anos do curso de direito. Independente de sua escolha – fazer o estágio externo ou interno –, todas as opções geram consequências e implicam nas suas experiências e no seu futuro profissional.

Como o estágio interno é vinculado à faculdade em que você realiza seu curso de direito, nele você é voluntário, ou seja, não recebe bolsa auxílio ou nenhuma outra renda para que realize os trabalhos jurídicos ali desenvolvidos. Em compensação, as horas de trabalho são bem reduzidas se comparadas aos estágios externos, normalmente numa média de quatro horas semanais. Esse geralmente é num setor previamente estipulado pela universidade e lá você tem um contato direto com professores universitários e advogados que te auxiliarão no desenvolvimento da prática jurídica realizada. Ou seja, há um contato mais direto e tranquilo para a realização do seu trabalho.

Já quando se opta pelo estágio externo, você tem uma carga horária com cerca de 20 a 30 horas semanais em um ramo do direito que pode escolher. Tudo depende para qual você se candidata e é aprovado nos processos seletivos aos quais participa; porém recebe uma bolsa auxílio que varia de lugar para lugar, vale transporte[2] e algumas vezes até mesmo

---

2 Art. 12 – Lei 11.788/08. O estagiário poderá receber bolsa ou outra forma de contraprestação que venha a ser acordada, sendo compulsória a sua concessão, bem como a do auxílio-transporte, na hipótese de estágio não obrigatório.

outros benefícios, como vale alimentação, plano de saúde, etc. É como um emprego, mas que deve obedecer as previsões da Lei do Estagiário (inclusive no que tange à carga horária), e não da Consolidação das Leis do Trabalho.

A grande questão do estágio externo é que você não estará sendo diretamente supervisionado pela faculdade. Com isso, ela pode exigir o cumprimento de algumas "provas" de seu aprendizado, como o cumprimento de um determinado número de horas em audiências, apresentação de peças[3], dentre outros requisitos, o que gerará um trabalho a mais para você comparado a quem faz estágios internos, pois terá que conciliar a carga horária da faculdade com a do seu estágio e a desses trabalhos extras.

Além disso, o grande problema dos estágios externos sempre foi a Lei do Estágio, pois embora ela tenha sido criada para evitar problemas e proteger o estudante estagiário, ela vira um grande empecilho quando não é respeitada pelo local em que se realiza o estágio.

Foi pensando nisso que, nesse capítulo, além das dicas usuais, acrescentei Notas sobre a aplicabilidade da Lei de Estágio (Lei 11.788/2008) ao citar dúvidas e situações vivenciadas por mim e por meus colegas durante nossos estágios.

---

[3] Em resumo, é o documento que você dirige ao magistrado ou à autoridade julgadora competente para acusar, defender, reclamar ou expor seu direito. Há uma formatação básica e necessária a ser seguida dependendo do seu pedido. Você aprenderá mais sobre isso nas suas aulas de Direito Processual.

TEMA 1: DA BUSCA POR UM ESTÁGIO

Lembro-me perfeitamente de como foi a sensação de começar meu primeiro estágio. O nervosismo, a preocupação em saber se daria tempo ou não de conciliar com a faculdade e a ansiedade pelo novo.

Escolhi começar a fazer estágio um ano antes do período obrigatório da faculdade, ou seja, no 5º período. Muitos têm motivações diferentes para começá-lo antes do período obrigatório ou até mesmo para aguardar esse período, todavia o meu impulso foi unicamente querer ganhar dinheiro.

Meus pais me davam uma mesada, mas que nem de longe supria a necessidade dos meus gastos, e eles sempre fizeram uma questão enorme de que minha irmã e eu fôssemos independentes e entrássemos no mercado de trabalho.

Foi por isso que nas minhas férias do 4º para o 5º período de faculdade eu escolhi já começar a trilhar meu rumo à independência financeira e acredito que foi um ótimo período para conciliar a prática do direito com a teoria.

Eu já tinha passado dois anos me adequando às novidades da faculdade, estudando e me envolvendo mais a fundo no Mundo Jurídico. No terceiro ano, eu já me sentia preparada para pôr em prática meu aprendizado.

Foi então que no meio do verão de 2014/2015 eu entrei no setor desenvolvedor de carreiras da minha faculdade, que auxilia os estudantes a conseguir em estágios externos e, posteriormente, a entrarem no mercado de trabalho. Anotei todos os contatos dos escritórios e empresas que estavam procurando um estudante de direito para ser estagiário, sempre atenta aos requisitos e qualificações que se adequavam a mim.

Esse foi o último verão que aproveitei sem compromissos ou responsabilidades minhas férias letivas, pois já em janeiro de 2015 eu iniciei meu primeiro estágio.

A experiência de fazer uma entrevista e de participar de um processo seletivo é algo difícil de escrever em detalhes ou narrar num papel. Nada melhor para descrever essa sensação do que vivenciá-la, mas, de um modo geral, a mistura de nervosismo, agonia, esperança, independência, solidão e felicidade me invadiu. E lá fui eu, num ônibus, no início de janeiro, no sol escaldante do Rio de Janeiro, para minha primeira experiência profissional da vida.

Apliquei todos os métodos de respiração e relaxamento que havia aprendido desde que iniciara meu acompanhamento psicológico e fui rumo à minha primeira oportunidade de ganhar dinheiro.

Cheguei, me identifiquei na portaria e subi. Quando o elevador abriu, um grande nome impresso bem diante dos meus olhos apareceu. Será que era o nome do meu futuro emprego? Portas automáticas, chão de mármore, pé direito alto e uma bela vista sobre as janelas de vidro que mostravam o Rio de Janeiro como eu nunca tinha visto antes, só em fotos. Eu jamais pisara num lugar tão bonito, fino e chique, até porque, no meu subúrbio, como eu chamo a Zona Norte, onde nasci e cresci, não há lugares tão belos quanto o Rio de Janeiro dos cartões postais.

Água servida em copos de vidro com porta-copos, cafezinho expresso, mulheres de saia lápis, unha feita, maquiagem impecável e cabelos arrumados. Homens de terno, gravata, cinto de marca e sapato de couro. Descrição quase perfeita de um sonho jurídico.

Tentei desde o início ser educada e elegante. Calça, blusa e sapatilha social; simples, sofisticada e limpa, sem usar cores berrantes nem nada chamativo.

> DICA: *no direito a aparência importa. Eu não tenho orgulho de dizer isso, porém é a realidade. Então, vá as suas entrevistas com roupas sociais e de cores neutras, mas não precisa ser nada caro nem muito arrumado.*

Passei pela fase de avaliações, depois a tão esperada e temida entrevista com o RH. Olhos nos olhos, pensamento atento e concentrado, respiração profunda nas pausas para me acalmar. Falar devagar, baixo e sempre tentando ser o mais simples possível; conservar o máximo de personalidade e simpatia, sem pecar com exageros. **Dica**: você sempre pode substituir o "adoro ir para "choppadas" e beber até cair" para "gosto de passar meu tempo com meus amigos. Nós nos divertimos juntos" se alguém te perguntar o que você gosta de fazer no seu tempo livre.

Não sei se foi sorte ou não, mas, para o meu primeiro estágio, eu não precisei de mais nada. Fiz algumas provas, depois uma entrevista com o setor de RH e, posteriormente, com os advogados da área. Não fui chamada para mais nenhum processo seletivo e já havia sido contratada para aquele lindo lugar. Incrivelmente consegui meu primeiro estágio mais fácil do que eu imaginava.

> DICA: *não se desespere se não conseguir um estágio logo, pois você pode apenas não ter o perfil daquele lugar. Às vezes, eles buscam alguém nos períodos mais avançados da faculdade ou que estude em outro turno. Não deixe se abater pelo primeiro "não".*

Tudo parecia lindo, ou talvez nem tanto.

Era ótimo ver o direito em sua primazia, no que hoje nós chamaríamos de "direito raiz", na sua essência.

Processos para cima e para baixo, peças e mais peças, Tribunais e mais Tribunais. Mas, depois de alguns meses de trabalho duro, uma dúvida continuava a me perseguir: eu queria concurso ou área privada? E foi isso que me fez trilhar para a busca de um novo estágio; dessa vez, na área pública.

O estágio de mais fácil ingresso na área pública é na Defensoria Estadual, mas tudo depende do número de vagas e da necessidade deles. Eu tinha uma amiga de faculdade que fazia Defensoria no Núcleo de Violência Contra Mulher, assim como ouvia relatos de outros colegas de faculdade que também estagiavam na Defensoria Estadual em outros núcleos e o dia a dia que eles contavam não me agradava. Embora seja um ótimo lugar para amadurecimento pessoal e profissional, essas escolhas são muito pessoais. Eu tinha amigos que amavam trabalhar na Defensoria Estadual, todavia eu não me sentia preparada para o contato direto com o público de forma intensa e tão pessoal como acontecia na Defensoria.

Foi por isso que optei por outros órgãos públicos. Sempre quis fazer estágio no Ministério Público, mas não abriam vagas já fazia algum tempo. Escolhi então a Procuradoria Geral do Estado (PGE) e a Defensoria da União, essa última uma amiga fazia e dizia que era diferente da Defensoria Estadual, então resolvi tentar.

Nesse período, foi mais difícil conciliar o trabalho com uma expectativa de novo emprego. Lembro que para realizar uma das provas de ingresso em um dos novos estágios, tive que sair correndo do meu então atual e o que deveria ser uma prova com duração de 4 horas no meio da tarde num dia de semana, fiz em 2 horas, porque tinha que voltar para os meus afazeres.

Se já não bastasse a correria para a realização das provas, o tempo de estudo era quase inexistente, pois era muito difícil conciliar estágio, faculdade e ainda estudar para uma prova de ingresso em outro estágio.

Ambas as provas que eu fiz para estagiar na área pública se tratavam de concursos, com direito a edital, prova e tomar posse do cargo. Passei em ambas as provas, mas optei pela PGE, por influência de um chefe da época que tinha feito estágio nesse órgão e gostado bastante.

Foi uma decisão difícil de tomar. Escolher sair de um escritório de advocacia para um estágio em órgão público não é muito comum e me questionam essa decisão até hoje. Mas as dúvidas sobre meus planos futuros me consumiam e eu optei, depois de um ano estagiando em escritório, rumar para a PGE, e não me arrependo.

Em janeiro do ano seguinte, tomei posse na Procuradoria Geral do Estado.

Meu tempo na PGE foi curto se comparado aos meus demais estágios; oito meses somente. A verdade é que eu não me adaptei logo de início, e nos primeiros meses eu sabia que queria sair. Porém, sou uma pessoa persistente e, de todo modo, para mim, foi fundamental ter passado por essa experiência.

Com seis meses de PGE, eu já estava na busca por um novo estágio e, depois de dois meses de procura, entrei no meu último, agora já na área de tributário, no qual me formei e fiz grandes amigos. Escolhi por último estagiar em uma grande empresa, onde passei um ano e meio.

Eu costumava chamar meu último trabalho de estágio dos sonhos. Todas as leis do estagiário eram respeitadas, eu trabalhava com uma equipe incrível que me adorava e eu os adorava também e numa área que eu gostava bastante.

Porém, como todo sonho, sempre tem o momento em que voltamos à realidade. Depois de pouco mais de um ano estagiando lá, já com o fim da faculdade eminente, eu recebi a notícia da não efetivação.

Foi um momento muito difícil para mim. Lembro de ter chorado demais; passava os dias tristes e duvidando de mim mesma. Aos poucos eu entendi melhor a situação e depois dos meus chefes deixarem claro que o motivo da minha não efetivação era a falta de uma vaga e não incompetência, eu consegui acalmar meus ânimos para continuar dando o meu melhor até meus últimos dias lá.

Continuei fazendo o melhor trabalho que eu pude, com a mesma eficiência de sempre, e todos tentavam me ajudar a conseguir um novo emprego. Não faltaram recomendações, indicações e e-mails trocados com meu currículo em anexo.

Todos me ajudaram muito e eu fiquei imensamente feliz por sentir que tinha feito um bom trabalho ali.

> DICA: *nunca deixe que uma dificuldade faça te sentir menor e nem se sinta desvalorizado ao receber um "não". Tire o que há de bom dessas situações e veja como uma possibilidade para novas oportunidades e novos desafios. Supere-se e siga em frente.*

TEMA 2: DAS DIFICULDADES DOS ESTÁGIOS

Assim que comecei a estagiar, notei que, ao contrário do que todos diziam (que o estágio era um local de aprendizado, as responsabilidades eram poucas e você estava só para aprender), os meus chefes nunca se preocuparam muito com a minha posição de estagiária.

A verdade é que o local que serviria apenas para agregar conhecimentos práticos ao teórico, aprendido na faculdade, virou minha fonte de subsistência, uma crescente tomada de responsabilidade e cobranças e o responsável pelas minhas crises de ansiedade. Um verdadeiro emprego.

Houve diversas situações que me fizeram querer desistir do direito. Eu pensava que seria impossível sobreviver num Mundo Jurídico tão rude e cruel, em que a aparência muitas vezes importava mais do que o caráter e o pessoal.

Eu me encontrei muitas vezes em meio as minhas sombras e num escuro sem fim, no qual a exigência de tudo e de todos parecia ser maior do que podia suportar.

O fato de eu morar longe parecia ser algo a mais para me preocupar. O metrô sempre lotado, as horas perdidas nos deslocamentos, tudo isso me dava um grande medo de não conseguir seguir mais em frente.

Eu sempre tive medo de começar a estagiar por causa do tempo. Como seria conciliar faculdade de manhã e estágio à tarde? Em que momento eu me divertiria, estudaria e faria o que queria?

Essas eram perguntas que rondavam minha cabeça desde meus primeiros meses de faculdade. Eu fazia um trabalho árduo de manter o foco e organizar meu tempo, colocando mais uma atribuição. Eu tinha medo de ter uma recaída emocional, de me encontrar apenas vivendo para estudar e para meu estágio e esquecendo de mim.

Infelizmente, o início foi bem complexo. Passei pela experiência de ter que abdicar de tudo, isso porque, embora a Lei de Estágio previsse a carga horária máxima de seis horas diárias para um estagiário[4], tive que ouvir algumas vezes frases como: "Você não fica após a hora por quê? Está desmotivada?"; "Você acha que aqui o trabalho é pesado? Conheço um lugar em que eles fazem revezamento para os estagiários virarem a noite lá. Tá reclamando de quê?"; "Você tem pouca experiência, não vai conseguir nada melhor do que aqui. É melhor obedecer nossos costumes e horários"; "Seu contrato de estágio não serve para nada, aqui sou eu quem manda! Pode pegar seu contrato e rasgar, porque você vai ficar até a hora que eu quiser"; "Você já vai? São só nove horas da noite, acho que é melhor eu procurar alguém que queira de verdade".

Pois é, essas foram só algumas das diversas violações nítidas à Lei do Estágio que eu tive que presenciar. Era comum eu, assim como os demais estagiários, ficar até 22 horas, às vezes até meia-noite ou mais, mesmo chegando às 13 horas. Na época de férias escolares, já cheguei a trabalhar mais de 14 horas por dia, isso tudo com, no máximo, 15 minutos para comer alguma coisa rápida no refeitório.

Foi assim que meu grande sonho de ganhar dinheiro com a advocacia se transformou em algo tão pequeno que ficou difícil de visualizar. Eu costumava dizer que não adiantava nada ter dinheiro se não tinha tempo para gastar. Não adianta ter dinheiro e não ser feliz.

E assim foi uma das piores fases da minha vida. Dias e dias chorando no transporte público, na sala de aula, dormindo no ônibus e nas aulas. Eu faltava às aulas para estudar, pois não

---

[4] Art. 10. – Lei 11.788/08 A jornada de atividade em estágio será definida de comum acordo entre a instituição de ensino, a parte concedente e o aluno estagiário ou seu representante legal, devendo constar do termo de compromisso ser compatível com as atividades escolares e não ultrapassar:
I – 4 (quatro) horas diárias e 20 (vinte) horas semanais, no caso de estudantes de educação especial e dos anos finais do ensino fundamental, na modalidade profissional de educação de jovens e adultos;
II – 6 (seis) horas diárias e 30 (trinta) horas semanais, no caso de estudantes do ensino superior, da educação profissional de nível médio e do ensino médio regular.

tinha tempo de estar no estágio e ir à faculdade ao mesmo tempo. Alguns professores chegaram a ver meu sofrimento na época e me chamaram para conversar.

Uma vez, eu estava assistindo a uma das aulas que consegui comparecer, ainda com meu estágio sufocante, e o professor que ministrava deve ter percebido minha agonia de tentar continuar acordada e participar. Então, ao terminar a aula, com um olhar triste e os olhos marejados, fui tomada pela graça e pelas boas palavras dele, que se aproximou e gastou o pouco tempo do seu horário de almoço para me confortar e dizer que eu podia ter mais do que o que estavam me oferecendo.

Foi um período ruim. Quando não reconhecemos a nossa capacidade, os caminhos que trilhamos são muito menores do que as longas jornadas que podemos trilhar. E em falar em caminho, lembro-me bem do quanto o trajeto da faculdade ao meu estágio era sufocante e agoniante. Era horrível não ter a certeza se voltaria para casa naquele dia, pois a pressão era tão grande e o trabalho tão pesado que aquela sensação de que não daria tempo de nada tomava conta de mim.

Muitos dos meus colegas de classe contavam que já haviam virado a noite em seus estágios. Certa vez, uma colega disse que, ao entrar em um escritório de advocacia como estagiária, recebeu um "kit banho", com sabonete, shampoo, condicionador, escova e pasta de dente, porque ali era comum os estagiários virarem dias dormindo no escritório, sem poder voltar para casa.

Infelizmente, essas situações não são tão anormais quanto parecem, mas eu posso garantir para você que essa não é a única opção. É claro que conciliar estágio e faculdade é cansativo, mas jamais deve ser destrutivo. Você não deve perder seus eventos de família, sua saída com amigos e sua saúde mental por um estágio que te faz acreditar que estar ali é a única opção para o sucesso, porque eu lhe garanto que esse tão almejado sucesso só virá para os seus superiores. Você se submeter a esse tipo de trabalho só te deixará sozinho, infeliz e ausente da vida e de viver.

Viagens caras por dez dias no ano não pagam o resto dos dias trabalhando exaustivamente, até mesmo durante os fins de semana. Uma casa cara sem seus familiares e amigos para compartilhar sua felicidade nada vale. Todos os seus sonhos são possíveis num lugar em que te respeitam.

Eu descobri isso depois de muito tempo de sofrimento, até que, por fim, encontrei um lugar onde me tratavam com respeito e dignidade; me respeitavam, sempre me deixavam clara da excelência do meu trabalho e me ajudavam quando eu errava. Não precisa de gritos e maltrato para não cometer um erro novamente. Lembro perfeitamente que nunca nenhum grito de um chefe mesquinho foi tão impactante quanto o olhar decepcionado de um chefe que me respeitava, porque por esse último você sempre quer fazer e entregar o seu melhor.

É claro que eventualmente erros acontecem, porém, quando aconteciam e eu sabia que tinha errado, a dor de falar para o chefe que admirava era maior. Eu me desculpava e prometia a ele e a mim que não repetiria o erro; ele acreditava e continuava a me dar oportunidades. Enquanto o chefe mesquinho, com um simples deslize, passava a nunca mais confiar aqueles trabalhos para mim, o que contraria toda a política do estágio, visto que ali é um lugar para aprender.

Foi por isso tudo que facilmente descobri que o estágio é muito mais do que aplicar na prática a teoria, é verdadeiramente um lugar com superiores, responsabilidades e autonomia. A falta da carteira assinada não faz com que te vejam como menos capaz de executar uma tal tarefa. O estágio é, assim, um ambiente de trabalho, um *test drive* da vida empregatícia.

Todavia, defendo que você nunca deve ver o seu trabalho atual como sua única opção e função de vida. Você sempre pode alcançar um lugar melhor, um ambiente saudável, que respeite seu tempo, sua vida pessoal e sua faculdade. Eu também acredito que você deve fazer o seu melhor esforço para ser alguém bom para a empresa, o escritório ou o lugar onde você trabalha. Porque, da mesma forma que devem te respeitar, você deve respeitá-los também. Respeite os seus superiores e dê a eles o que procuram, que é muito mais do que conhecimento, mas dedicação e compromisso.

Diga-se de passagem, eu encontrei um ótimo estágio após abandonar toda essa pressão sofrida e encontrei um lugar em que, além de ser muito mais saudável e onde minhas horas eram respeitadas, pagavam mais. Ou seja, por questão de sucesso financeiro, toda a pressão colocada em mim por meus antigos chefes não tinha a menor coerência.

> DICA: *nunca duvide de você. Se estiver infeliz no seu lugar de trabalho, busque outro até que consiga um lugar novo. Você pode receber alguns "nãos" inicialmente, mas não desista até o seu "sim".*

Apesar de todo esse amor pelo novo estágio, com respeito ao meu horário de faculdade e àquele previsto no meu contrato, uma boa bolsa auxílio e grandes líderes regendo meu trabalho, não foram só maravilhas. Claramente existiam dias em que era extremamente difícil levantar da cama, arranjar energias para ir trabalhar ou até mesmo em que meus chefes não estavam tão legais quanto de costume ou que estavam mais estressados por problemas pessoais ou do próprio trabalho; e isso refletia em mim.

> DICA: *seus chefes são seres humanos. Eles falham e também têm dias ruins. Respeite esses dias e isso será recíproco.*

Ainda assim, a sensação de trabalhar com algo que você gosta, num ambiente de trabalho favorável e saudável é completamente diferente e recompensador. Não pense que todos os dias serão bons, que você tem o mundo nas mãos e que conseguir um emprego/estágio novo é fácil; valorize seu ambiente de trabalho.

> DICA: *eu sempre insisti bastante e fui muito persistente; recomendo tal persistência. A não*

*ser que estejam sendo desrespeitosos com você,
tente sempre ficar pelo menos três meses no local
onde você decidiu estagiar. Se você escolheu ali,
deve ter tido condições favoráveis e que fizeram
você despertar a atenção para elas no momento
de sua escolha; lembre-se delas nos momentos
difíceis. Além disso, nenhum estágio ou emprego é
bom ou ruim o suficiente em menos de três meses.
Ninguém consegue conhecer nada nem ninguém
suficientemente para ter uma opinião em tempo
menor que isso. No entanto, nunca nem cogite se
estender por todo esse tempo num lugar que não
te respeite.*

Respeitar e ser respeitado sempre foi uma questão de grau máximo de importância para mim. No caso das mulheres, como se já não bastassem os incômodos gerais pelas horas de trabalho, se estamos ou não motivadas, atenção maior ao estágio ou à faculdade, ficamos suscetíveis a outros tipos de constrangimentos, o tão conhecido assédio.

Infelizmente, vivenciei situações que só existiram em vista da minha condição de mulher, pois já é sabido por todos que vivemos num mundo em que as mulheres ainda são encaradas como inferiores aos homens.

Em minhas experiências profissionais, tive superiores homens e mulheres e algumas vezes vivenciei situações que me deixaram desconfortável por parte de meus superiores do sexo masculino. Perguntas desnecessárias, como: "Você tem namorado?"; "Como foi o final de semana? Aproveitou bastante?"; "Você dorme na casa do seu namorado? Se fosse minha filha, não deixava!" surgiram em minha experiência de estágio.

Felizmente, nunca passei por nenhuma situação de assédio física ou verbal que não fosse contornável. É certo que, contornável ou não, nenhuma mulher deveria passar por qualquer situação que a deixasse sentir em grau de inferioridade perante um homem, mas é fato que existem mulheres que, infelizmente, passaram por momentos muito mais desconfortáveis do que eu.

Já ouvi relatos de mulheres, algumas colegas de profissão e outras profissionais de outras áreas e estudantes de outros cursos, que em seus estágios, assim como na faculdade, tiveram superiores que passaram a mão em suas pernas, que foram chamadas para uma sala privada e lá foram constrangidas com perguntas indiscretas e que nada se relacionavam com o trabalho, que foram coagidas a favorecerem sexualmente um professor em troca do aumento de nota; dentre outras situações vergonhosas para os membros do sexo masculino que não compactuam com esse tipo de atitude.

No meu caso, de uma forma ou de outra, aos poucos, fui me sentindo mais segura para tentar reverter a situação. Reportei algumas ocorrências a outros superiores e passei a adotar uma postura mais destemida, pois, felizmente, ainda que a minha bolsa auxílio fosse de grande ajuda para a minha independência financeira, eu não precisava dela para o meu sustento. Então, me sentia mais livre se meu novo comportamento gerasse uma eventual demissão.

Eu não queria ceder e sair dali, queria que, caso necessário, que eu fosse desligada; mas eu não me importava, pois defenderia minha integridade e meu valor. Eu comecei a responder grosseiramente a esse tipo de pergunta e sem papas na língua. É certo que você deve tratar a todos com respeito, mas minha forma de me defender foi essa. A cada pergunta eu respondia algo como "não te interessa" e, aos poucos, notei a mudança de comportamento.

Muitos homens acham que são superiores. Ao ficarmos desconfortáveis com esse tipo de situação, eles continuam com esses comportamentos. Tomei essa atitude, mas todo caso é diferente. Meus superiores poderiam ter se ofendido com as minhas respostas e isso teria sido ruim para mim, porém, eu optei por dar a cara a tapa e esperar o pior.

DICA: *lide da forma que se sentir mais confortável com essas situações.*

DICA: *as situações de assédio podem variar. Sempre busque outro superior de confiança para quem você possa passar esse tipo de situação; lembre-se de que você pode e deve denunciar. Caso sinta-se desconfortável em seu trabalho e, por alguma razão, seja ela financeira ou qualquer outra, não pode ficar sem aquele emprego, busque um novo estágio. Ao sair, denuncie os assédios sofridos para o RH do local ou o setor responsável; eles devem tomar conhecimento do ocorrido.*

88

CAPÍTULO V: DO FIM DA FACULDADE

Uma das grandes dificuldades em cursar uma faculdade é conviver com as diferentes opiniões emitidas pelos colegas de curso. Durante a maior parte do tempo, estamos cheios de dúvidas e em busca de ideias sobre a melhor forma de realizar certas matérias e de estudar determinado assunto. Ficamos durante todo o curso ao sabor de informações que, na maioria das vezes, representam apenas opiniões pessoais de colegas ou professores. O que se ouve nos corredores muitas vezes não são informações fidedignas, tratam-se de conceitos parciais.

Assim, ficamos, muitas vezes, expostos a essas opiniões e perdidos num mundo de "eu faço de tal forma". A maioria das entidades administradoras de cursos superiores não se preocupam em orientar os futuros formandos para o mercado de trabalho e ficamos, ao logo da faculdade, à mercê de oportunidades de estágios que são colocados nos quadros informativos e, ao término do curso, de indicações de empregos por conhecidos ou experiências que tivemos em nossos estágios. Ou seja, nosso mercado de trabalho e futuro já parecem ter sido traçados quando decidimos a área a qual estagiar.

Não há uma cadeira disciplinar para ministrar os desafios que o futuro formando encontrará após concluir o curso de direito. A maioria das faculdades não se preocupa com a prática dos cursos e com a profissionalização de seus alunos.

Algumas faculdades são conhecidas por dar ênfase à prática e à vivência profissional, no entanto, mesmo essas estão muito aquém da real necessidade de seus estudantes. Para minimizar essa defasagem entre o processo acadêmico e a prática, é necessário que ocorra uma interação entre as empresas e as unidades formadoras, somente assim poderíamos ter um processo de formação próximo das atividades que cada um irá exercer no futuro.

É certo que é sempre ótimo poder aprender a teoria com mestres e doutores do direito, mas os conhecimentos teóricos para o pós-faculdade se tornam rasos quando se observa a falta de competência profissional dos futuros formandos.

Após a colação de grau, o baile de formatura e os devidos cumprimentos de amigos e familiares sempre surgem aqueles olhares desesperados para o diploma. O que faço agora?

A cada dia mais aumentam os números de alunos profissionais nas faculdades, são aqueles que ficam postergando o término do curso ou fazendo especializações sem fim, evitando o mercado de trabalho. Mas essa postergação para encarar o monstro de cem cabeças chamado mercado de trabalho uma hora chega ao fim e logo todos são obrigados a dar "a cara a tapa".

Assim, minha **dica** é: tracem um objetivo que seja factível; nada de ideias mirabolantes e estratosféricas. Procure ouvir pessoas com mais experiência, de preferência profissionais da área que você tenha mais interesse. Seja humilde e respeite as opiniões dos outros.

Associado ao seu objetivo, acrescente sempre um olhar aos fatos que estão acontecendo no mundo. Não seja um alienígena ao que acontece na sociedade. O mundo é globalizado e, portanto, é necessário que, além das competências profissionais, sejam agregados ao saber uma boa comunicação e conhecimento de fato.

Hoje, ninguém pode se furtar de não ter intimidade com computadores, redes sociais, conhecimento de duas ou mais línguas estrangeiras, base financeira e visão de negócio. A sua empregabilidade está associada ao preparo, devendo, além da preparação profissional, acrescentar às suas características a proatividade, criatividade, cooperação, dentre outros atributos que proporcionam uma visão maior, ativa e direta do empregado à empresa.

DICA: *o sucesso da sua carreira depende apenas de como você lida com os desafios, se os encara para serem superados ou esmorece à primeira derrota. Eles sempre existirão, mas estão aí para serem superados hoje, amanhã ou outro dia qualquer.*

Enquanto o fim da faculdade se aproxima, há uma mistura de emoções que tomam conta de nossas mentes. Sensações de alívio e desespero se confundem, juntamente com a vontade de rir e chorar ao mesmo tempo.

Parece que todos os esforços valeram a pena, as aulas chatas, as noites mal dormidas e o cansaço interminável. Porém, vivenciar o último ano da faculdade e o ano seguinte pode ser um enorme desafio, pois incansáveis vezes ficamos nos perguntando: "e agora, o que fazer?".

Agora é a hora de estudar para a OAB, de elaborar e apresentar a monografia e de procurar emprego! Falo com garantia que não sei qual desses momentos foi o mais conturbado e perturbador para mim, mas posso resumir tudo como uma enorme sensação de perda, procurar sem encontrar e olhos lacrimejantes. Acho que foi assim que passei o meu último ano da faculdade e esses meses após a formatura.

A mudança e percepção de todos esses desafios veio com a virada do meu penúltimo para o último ano de faculdade. Ali eu já me vi imensamente cobrada a começar a estudar para a OAB e a pensar sobre o meu TCC. Mas quem disse que eu conseguia decidir que matéria escolher para fazer a segunda fase do concurso OAB ou o tema da minha monografia? Quem dirá quem seria meu orientador.

Bom, como se não bastasse, eu não conseguia passar um dia sequer no meu estágio sem pensar se seria efetivada ou não. Eu amava aquele lugar e, diante de um mercado tão concorrido e num cenário de crise no país, não podia ter escolhido um ano pior para me formar. Em vista disso, ter a garantia de ser efetivada naquele emprego significava que eu não estava desempregada e ainda possuía um currículo embaixo do braço, procurando um cantinho para me escorar. Mas quem dera que a vida fosse tão simples assim!

Eu ficava diariamente julgando meu trabalho e me perguntando: "será que se eu sair mais cedo hoje isso pode atrapalhar na minha efetivação?"; "será que a apresentação que fiz está boa o suficiente para eu ser efetivada aqui?". Sendo bem sincera, eu não sabia.

Acho que nunca realmente saberemos responder esses tipos de pergunta. Tudo é uma questão de *feeling*. No fim, acredito que devemos fazer nosso melhor e não nos preocupar com detalhes tão pequenos, como aquele dia em que você chegou cinco minutos atrasado no trabalho, porque, no fim, o que tiver que ser, será, e seus chefes não te julgarão apenas por esses cinco minutos, mas por todo o contexto.

Eu demorei meu último ano inteiro da faculdade, o pouco tempo que fiquei desempregada e mais a vida inteira até aqui para chegar a essa conclusão. Porém, acredite: ainda que você se engane sobre esses pequenos conceitos, a vida tarda, mas não falha. Embora eu acredite ter feito um ótimo trabalho no meu último estágio, mesmo com toda a energia e amor depositados ali e com meus chefes sempre deixando claro o quanto gostavam de mim e do meu trabalho, a chance da efetivação não apareceu e me vi sem chão, sem ar e sem esperanças sobre meu futuro tão planejado.

TEMA 1: DA OAB E DO TCC

O último ano de faculdade mal tinha começado e eu só pensava naquilo... Isso mesmo, na OAB!

Devo admitir que os meus pensamentos para o TCC chegaram mais tarde do que a minha vontade e necessidade de passar na OAB. Lembro de que, já na virada do ano, enquanto os fogos ainda estouravam em Copacabana, eu só rezava fortemente pedindo "Deus, que esse ano eu passe na OAB!".

Ansiosa do jeito que sou, não tinha nem sido divulgada a data da prova, nem mesmo passadas as festividades do Carnaval, tampouco começado as aulas ou sequer iniciado fevereiro, enfim, o ano mal tinha virado e eu já estava com um livrão de questões da OAB, um aplicativo baixado no celular e desenvolvendo uma média mínima de 10 questões por dia.

Eu era tão rigorosa com essa meta diária que nem no Carnaval deixei passar. Mesmo bêbada, voltando de bloco, fantasiada e com cheiro de cerveja e xixi, sentada no chão do metrô (não façam isso, é proibido!), fazia as minhas 10 questões.

A loucura chegou a tanto que eu dormia ouvindo *Periscope*[5] de professores que davam dicas para a OAB. Eu não acredito que tenha assimilado algo tão relevante (diga-se de passagem), mas, para mim, fazia algum sentido deixar os professores falando enquanto eu tirava um cochilo. Até rio de mim quando penso sobre isso!

Se já posso dar uma **dica** para você, é: siga seu cronograma e suas metas! Ainda que as questões que eu tenha feito bêbada no metrô, voltando de blocos de Carnaval, não tenham servido para assimilar o conteúdo, para mim, era importante me manter regrada. Fazer aquelas 10 questões em qualquer circunstância significava que eu seria capaz de seguir minhas metas, não

---

5 *Periscope* é um aplicativo de compartilhamento de vídeos ao vivo com seus seguidores e esses vídeos ficam disponíveis na conta de quem os publicou. Os professores usam bastante para darem aulas curtas sobre assuntos que consideram relevantes.

importando a dificuldade. Então, seja fiel àquilo que você se compromete a fazer e o sucesso virá!

Pois bem, os primeiros meses do ano passaram e chegou aquele momento decisivo. Com a abertura do edital e a necessidade de fazer a minha inscrição para a prova, me vi cara a cara com a decisão sobre qual matéria escolher para a segunda fase.

> DICA: *para escolher a sua matéria da segunda fase na prova da OAB, é necessário somar algumas coisas. Primeiro, é importante ouvir seus professores. Tente abstrair a parte em que eles "puxam sardinha" para a matéria que dão aula, porque óbvio que para eles os conteúdos serão mais fáceis. Porém, ouça os fundamentos da escolha deles por aquela matéria, por exemplo, volume a ser estudado, facilidade de acesso a materiais, cursos disponíveis, matéria constante na legislação que pode ser consultada (apenas na segunda fase), dentre outros critérios objetivos. Além disso, pesquise cursinhos (se você tiver a opção de pagar) ou veja se há facilidade no acesso a vídeo aulas gratuitas sobre o tema, assim como bons manuais de estudo disponíveis na sua faculdade, pois a possibilidade de acesso à informação facilita muito o aprendizado. Somado a tudo isso, escolha uma disciplina que goste, ou ao menos entenda, e se possível uma que você tenha experiência.*

Depois de muito pesquisar, fazer tudo o que dispus acima e sofrer um pouco com a minha decisão, escolhi fazer a segunda fase em Direito Tributário. Achei o volume de matéria razoável e eu estagiava nessa área, além disso, um dos meus professores dava aula num cursinho preparatório e consegui parcelar em algumas vezes, pedir descontos e finalmente pagar o curso com a minha bolsa de estágio.

Mas isso é assunto para depois, porque a princípio eu só tinha que escolher a matéria específica da segunda fase. Na primeira, caía de tudo um pouco, incluindo o que eu já tinha visto na faculdade e até mesmo algumas matérias que ainda não tinha visto em aula, como Direito de Família e Sucessões, por exemplo.

Segui com minha rotina de estudar, sempre lendo os comentários das questões que eu fazia e visitando os artigos mencionados nas legislações indicadas, tanto nas questões como nos comentários. Logo no início de abril veio a grande notícia... PASSEI NA PRIMEIRA FASE DA OAB!

Lembro de cada detalhe do momento da notícia da minha aprovação: um alívio no peito, uma felicidade que não cabia em mim! Se eu pudesse, saía gritando na rua, mas felizmente controlei essa vontade e contive meus pés dentro de casa, embora pulando sem parar!

Após duas semanas aproveitando essa notícia maravilhosa, percebi que faltava alguma coisa... A segunda fase.

Meu cursinho *online* já tinha começado e meus colegas de faculdade estavam duas semanas de aula à minha frente. Eu me perguntava "onde estava esse tempo todo?" E você deve estar pensando: "Calma! São SÓ duas semanas, para quem já estava estudando desde o primeiro mês do ano".

A questão é que a forma de estudo da primeira para a segunda fase é completamente diferente. Na primeira prova, as questões são objetivas e caem conhecimentos gerais sobre todas as matérias. O fato de fazer as questões já é 80% do que é necessário para passar na primeira fase. No entanto, a segunda parte da prova são questões discursivas e uma peça.

Ainda que eu estagiasse com Direito Tributário, o fato da minha experiência nessa área ser em empresa me deixava longe do contato com peças judiciais, o que, em resumo, fazia com que eu não tivesse a menor noção do que estaria me aguardando nessa questão da segunda fase da OAB, que valia metade da nota total.

Como se já não bastasse, existe um prazo absurdamente curto entre a primeira e a segunda fase, mais ou menos dois meses. Tirando as duas semanas que eu estava com a cabeça nas nuvens sem estudar, tinha me restado um mês e meio de estudo.

Caro colega, afirmo com toda certeza... Esse foi o mês e meio mais apavorante da minha vida. Mas, calma, não tema, eu sobrevivi!

Eu tinha uma rotina intensa de estudos e, pela primeira vez, me vi faltando às aulas na faculdade para ter tempo de estudar; economizei todas as faltas do semestre para gastar nesse momento. É certo que, de vez em quando, eu até ia à faculdade, mas incontáveis vezes eu acordava cedo, estudava de manhã, ia para o estágio e no meu horário de ócio fazia peças lá mesmo, voltava para casa e estudava novamente. Finais de semana eu me dava ao luxo de ter quatro horas fora da minha casa fazendo qualquer coisa, como ir a um restaurante ou ao cinema, mas só.

Além da minha vida inteira girar em torno da OAB, parecia que o mundo inteiro também estava. Ainda que a primeira fase tenha sido igualmente ruim nesse quesito, pois os meus colegas de classe só falavam disso e tinham constantemente aulas e simulados voltados para a OAB, parecia que, na segunda fase, meu universo se estreitou ainda mais. Eu tinha que acolher amigos chorando pelo estresse com os estudos e com a prova se aproximando. Eu mesma estava estressada e constantemente usava as frases: "não fale comigo, estou estudando para a OAB"; "não posso sair, estou estudando para a OAB", dentre outras. Além disso, nos poucos dias que eu ia à faculdade, as pessoas pareciam constantemente desesperadas, eu conseguia sentir. Perguntavam-me o tempo todo em que aula eu estava no cursinho ou se já tinha estudado tal matéria; quantas peças eu tinha feito e se já havia marcado o Código.

> DICA: *como na segunda fase da OAB você pode consultar leis sobre a matéria que vai fazer a prova, tenha essas leis como amigas. Eu usei diversas cores de lápis de cor e clips coloridos para marcar as leis e me organizar, a fim de facilitar encontrar o que eu buscava durante a prova. É muito importante que você leia atentamente o edital para se certificar do que é permitido ou não fazer. Além disso, pergunte aos seus professores sobre dúvidas a respeito dele; eles certamente terão lidos e saberão responder.*

Desse modo, aos poucos e mais rápido do que eu gostaria a segunda fase da OAB se aproximava. Cada vez havia mais tensão e amigos desesperados. Eu tentava manter a calma por mim e por eles, mas também chorava de vez em quando sem nenhum motivo aparente. Embora eu tentasse me convencer de que, se não passasse daquela vez, teria mais uma chance.

> DICA: *quando fiz a OAB, o edital previa que, se você passasse na primeira fase, teria duas oportunidades de fazer a segunda. Ou seja, você faria a segunda fase referente ao edital da prova em questão e, caso não passasse, poderia pular a primeira fase do próximo concurso e realizar apenas a segunda fase.*

O fato de poder repetir a segunda fase, caso não passasse, me tranquilizava, mas, mesmo assim, eu queria passar logo para voltar minhas atenções ao último período antes do TCC.

O dia da prova chegou. Código marcado na mão, caneta, chocolates, água, biscoitinhos e eu tentando ao máximo controlar a ansiedade e manter a paz de espírito, que são essenciais para a realização de qualquer prova. Utilizei todas as técnicas de respiração e relaxamento possíveis e lá fui eu.

Fiz minha provinha, sempre controlando o tempo, que é um pouco apertado para o número de questões e as exigências nas respostas. Saí da prova e simplesmente "me desliguei".

Muitos colegas perguntavam o que eu tinha respondido em tal questão, mas devo admitir que nada mais me abalava. Eu me sentia respirando fundo depois de tanto tempo presa!

Marquei de sair com todos os amigos que eu tinha dispensado nesses meses, voltei a ir a todas as aulas da faculdade e tentei pensar no TCC, desligando-me da OAB até o dia do seu resultado.

No dia 20 de junho de 2017, eu encontrei meu nome na lista de aprovados! Sem palavras para descrever o alívio e a imensa felicidade que foi ver meu nome naquela lista, eu sorria de tudo e para tudo! Mas depois da calmaria sempre vem o caos, e tive que começar a realmente pensa no meu amigo TCC.

O meu tema de TCC foi exatamente o que eu queria. Escolhi a área de Propriedade Intelectual, porque, mesmo sendo uma ramo bem pequeno e pouco estudado na faculdade, me apaixonei desde o momento em que vi no quadro de matérias do curso no meu primeiro dia na faculdade.

Depois que tive aulas sobre essa matéria, me apaixonei ainda mais. Então, a minha **dica** é: escolha seu tema de monografia sobre algo que você realmente tenha interesse em estudar. Você dedicará horas dos seus dias lendo e estudando sobre aquele assunto, portanto deve ser algo que realmente tenha interesse. Digo isso porque, como eu trabalhava com Direito Tributário, todos achavam que deveria escrever sobre isso. Porém, sempre fui apaixonada por Propriedade Intelectual, mesmo não tendo nenhuma experiência prática nessa matéria, assim decidi que na teoria eu iria me dedicar a entender aquele ramo.

> DICA: *além de escolher uma matéria que te agrade, decida-se por um orientador que goste e que seja acessível aos seus orientandos. Um bom trabalho de monografia precisa da opinião de alguém do*

ramo e mais experiente, sendo assim, um professor que esteja disponível para esclarecer suas dúvidas é fundamental; alguém que opine sobre seu trabalho e te cobre o melhor.

DICA: *lembre-se de que professores são gente como a gente. Eles também têm muitos outros afazeres, então nada de enviar o trabalho em cima do dia de entrega ou mandar mensagens de madrugada ou finais de semana. Respeite os horários de seu orientador e sempre tente marcar os encontros com antecedência. Não se atrase e mande o projeto para a revisão pelo menos uma ou duas semanas antes do prazo (combine isso com seu orientador, deixando sempre tudo bem claro).*

DICA: *peça indicação de doutrina e artigos ao seu orientador para a elaboração de sua monografia.*

DICA: *não deixe para fazer o seu trabalho em cima do prazo de entrega. Na minha faculdade, havia prazos de entrega do sumário, primeiro capítulo, segundo capítulo e assim por diante até o final da monografia. Embora isso fosse bem chato, pois exigia que cumpríssemos com esses diversos prazos de entrega, era bom, porque impedia que os alunos escrevessem 40 páginas de uma vez só na semana da apresentação, o que certamente comprometeria a qualidade.*

Após a realização do trabalho escrito, chega a hora da apresentação oral. Nem todas as faculdades exigem isso, assim como nem todas solicitam que se faça uma monografia, bastando a entrega de um artigo (o que diferencia é basicamente a extensão do trabalho; artigos são menores que monografias). Existem lugares também, em que o TCC é realizado em grupo. Enfim, varia bastante, mas na minha universidade havia a obrigatoriedade de um trabalho de monografia individual e com posterior apresentação oral.

Pois bem, para a apresentação oral, é importante ficar calmo e se preparar; também é sempre bom fazer slides, para isso, sugiro que vocês sigam as dicas que eu dei no tema de trabalhos da faculdade, pois a monografia nada mais é do que seu maior e mais importante trabalho a ser apresentado

Outra **dica** importante é: treine o que você irá dizer na apresentação oral diversas vezes, utilizando seus slides, e peça ajuda aos seus pais, filhos, amigos, namorado, namorada, esposa, esposo... para te ouvir pelo menos uma vez e omitir uma opinião a respeito do que foi apresentado. Depois disso, apresente para o espelho e com você mesmo mais umas 10 vezes, no mínimo. Pois é, parece muito, mas na hora você certamente vai se ver na necessidade de repetir muito mais que isso!

Além disso, uma última **dica** sobre a apresentação oral é: ela deve ser clara. Até um leigo deve ser capaz de entender o que está sendo apresentado, ainda que superficialmente. Por isso, é sempre bom apresentar para algum conhecido que não tenha contato com o direito e lhe perguntar o que pode entender.

Bom, depois disso, é só sucesso! Não fique nervoso; é muito gostoso apresentar um trabalho que você gosta e se dedicou bastante. Tenho certeza que você irá arrasar!

Confie nas dicas! Tirei 10 no meu TCC e com indicação para publicá-lo.

TEMA 2: *DA TÃO ESPERADA FORMATURA E DO ASSUSTADOR MERCADO DE TRABALHO*

Ao progredir pelos períodos da faculdade, diversos sonhos e expectativas são pulverizados em nossas mentes. Todos remetem a um mesmo futuro: estar empregado; esse é o primeiro objetivo de muitos ao terminar um curso de graduação. Mas será que estamos mesmo prontos para ingressar no mercado de trabalho?

É engraçado como todas essas expectativas com o primeiro emprego já surgem quando ainda somos estagiários. É lá que entramos em contato com uma nova realidade, pessoas diferentes, construímos experiências e, à medida que evoluímos nesse ambiente, sonhamos com o contrato definitivo e a efetivação. Por volta dessa etapa da vida, chega, de forma repentina e espontânea, a primeira "crise de ansiedade".

O final da faculdade pode ser assustador e solitário. Depois dos discursos de paraninfo, professor homenageado, agradecimento aos pais, orador e a jogada dos capelos para o alto tudo parece mudar.

Não há mais a rotina de encontros com os amigos de faculdade e para muitos, como eu, que emendaram o colégio e a faculdade, é a primeira vez na vida que seu ano não é letivo e que não é dividido em bimestre, trimestre, semestre, P1 ou P2. Pela primeira vez, estamos livres para fazermos o que quisermos, mas aprisionados para prover nosso próprio sustento. Dessa vez não existe vista de prova ou professor malvado ou bonzinho. O mercado de trabalho é sem dúvidas uma fera cheia de garras e dentes afiados que tentamos domar.

Se começar a faculdade já era assustador, o fim é o pior filme de terror de todos os tempos. No entanto, uma vez que passamos por tantas experiências assustadoras, é como ver um filme de terror após ter visto o trailer e lido a resenha. Você vai sentir medo, mas, de algum modo, conhecer os personagens e o enredo da história te faz sentir mais preparado. Assim é a vida após a faculdade. Você sabe que descer a escada do porão pode ser uma má ideia, porém, uma vez que sabe que o monstro está lá embaixo, não há muita escolha, a não ser se preparar ao máximo para enfrentá-lo.

Muitos dos estágios demandam que os acadêmicos produzam uma série de documentos importantes, isso causa, sem dúvida, um arranque em alta velocidade com sua autoestima, algo como "sou capaz de realizar funções complicadas", "posso ser capaz de qualquer coisa". Porém, ao se aproximar da formatura, um detalhe surge sorrateiro em seu cérebro: tudo que foi feito até o momento tinha a assinatura de um tutor. Nenhum daqueles célebres documentos dava os créditos ao dedicado acadêmico; por outro lado, também o blindava de todas as responsabilidades.

Logo após perceber esse fato, uma vaga lembrança chega e você se lembra do Código de Ética da OAB. A partir daí, diversos pensamentos se amontoam: notícias de advogados sendo alvos de julgamentos no Tribunal de Ética da OAB, taxas de desemprego, cobranças de terceiros, responsabilidade profissional e, bem no fundo, aquela vozinha da sua tia que dizia em todas as reuniões de família: "todo advogado é malandro, só quer levar nosso dinheiro".

Nesse exato momento, após esse *brainstorming* forçado, repleto de apreensão e medo, nos vem à cabeça a pergunta: será que eu dou conta disso tudo? Como fazer para minimizar esse medo?

> DICA: *em primeiro lugar, é fundamental ter ciência das responsabilidades que se adquire ao se formar. Atuar de forma correta pode parecer algo simples quando dito, porém envolve conhecer todas as regras a que se está submetido e agir conforme essas normas. Exercitar isso enquanto estagiário pode ser um caminho para se acostumar com esse modus operandi. Se agir corretamente, vai se sentir mais seguro para exercer suas funções e respaldado para tomar decisões.*

Além disso, um ponto bem importante, mas muitas vezes preterido: não tenha medo de perguntar! Não saberemos tudo que é preciso e não precisamos adentrar um terreno desconhecido sem apoio. Tire dúvidas e questione, por mais básicas que sejam. Dessa forma, suas ações terão um norte e serão revisadas por outros, fornecendo mais segurança e servindo de instrução para quando tiver que exercer a mesma tarefa no futuro.

O fato é que estamos mais preparados para o mercado de trabalho do que pensamos. Falta-nos, na verdade, segurança e confiança para adentrar esse mundo, alcançando uma nova etapa de nossa jornada profissional.

Existe uma lenda urbana que diz que algumas pessoas terminam a faculdade certas dos seus planos e sobre o que querem fazer para o resto de suas vidas. Eu considero isso um mito, porque não conheço sequer um relato sobre tal fato, ainda mais quando se termina a faculdade tão jovem como eu, com apenas 22 aninhos.

Até mesmo os colegas que são mais velhos e já estão na segunda faculdade ou casados e com família nunca disseram estar totalmente certos do caminho que querem trilhar após o recebimento de seus diplomas. Comparado a mim, todos parecem estar muito mais decididos, mas sempre é assim, nos sentimos preteridos em relação aos outros.

> DICA: *acreditar que o primeiro lugar de uma turma ou de um vestibular te prepara para enfrentar desafios da competitividade do mundo atual é, no mínimo, um ato falho. Ao longo dos anos, tive oportunidade de observar que aqueles que se destacam são os que definem com clareza seus objetivos e lutam, preparando-se com dedicação. Isso significa ouvir, debater, questionar e seguir firme em seus sonhos.*

Tenho amigos que já têm empregos sólidos e que dizem estar felizes e quererem seguir naquela área por enquanto, embora ainda tenham dúvidas sobre pós-graduação, mestrado ou um segundo emprego. Tenho outros amigos que, infelizmente, ainda não foram aprovados na OAB, mas trabalham. Outros que já são advogados e não trabalham. Os que prefeririam estudar e fazer concurso. Os que resolveram iniciar outra faculdade... E eu, que trabalho, mas ainda estou perdida sobre meu futuro, sem nem ao certo ter certeza sobre a área do direito que desejo seguir ou sobre o ramo que pretendo procurar emprego. Ainda que eu tenha passado pela área pública e privada, empresa e escritório, durante meus estágios, às vezes sinto que isso só serviu para me gerar ainda mais dúvidas.

Bom, a **dica** que posso dar a você é: não se desespere e nem deixe que o relógio dos outros seja também o seu. Cada um tem seu tempo e você tem o seu. Não é preciso que o mundo se resolva nos meses seguintes ao fim da faculdade, nem mesmo nos anos seguintes. A vida é sua, faça com ela o que quiser e não deixe que ninguém escolha por você. Lembre-se disso!

> DICA: *escolha um emprego que seja compatível com a sua vida. Nada adianta sonhar com um futuro profissional que não seja compatível com o estilo de vida que você quer ter. Se você deseja em morar em uma cidade pacata com sua esposa/marido e muitos filhos, talvez um emprego na cidade grande, cheio de atribulações, sem horário de entrada e saída não seja o melhor para você.*

As pessoas têm motivos diferentes para continuar em seus empregos, e tiro por mim. Não seria nada fácil a vida dependendo dos meus pais, então um dos motivos de eu ter um emprego é o salário.

Me considero no meio dessa pirâmide, na qual existem pessoas que trabalham pela necessidade do salário no fim do mês, para pagar as contas e sustentar suas famílias, e aqueles que, se dependessem das condições financeiras de seus pais, nem precisariam trabalhar. Pois bem, não importam as razões, a verdade é que às vezes, quanto menor o medo de arriscar, maior será sua capacidade de fazer um trabalho bem feito.

É certo que quando você depende financeiramente do seu emprego fica mais difícil se desvencilhar do medo e agir por suas vontades, contudo, não seja um completo submisso aos quereres de seus patrões, não digo às ordens, mas ao quereres e vontades que nada têm a ver com seu trabalho. Há muitos chefes que se aproveitam dessas condições para exigir o inexigível de seus funcionários e traçar para eles o que consideram para si importante.

> DICA: *tenha consciência da sua capacidade; não se desvalorize. Se o seu emprego não lhe faz bem, procure outro. Ainda que você tenha muito a perder, certamente terá muito a ganhar, sendo feliz e recebendo um salário justo e honesto pelo seu trabalho bom e qualificado.*

> DICA: *não deixe que nenhum chefe lhe faça acreditar que você não conseguirá algo melhor. Quem é ele para medir o que você pode ou não fazer? Só você mesmo é capaz de se limitar.*

> DICA: *a vida é feita de mudanças, aceite isso. Mude e não tenha medo. Adapte-se.*

> DICA: *procure outro emprego se você não está feliz no seu atual e não desista até que consiga algo.*

> DICA: *se escreva em sites como LinkedIn, Vagas. com e Cia. de Talentos. Esteja com seu currículo sempre atualizado, tanto no seu arquivo pessoal quanto nos cadastrados nesses sites.*

DICA: *use seus contatos e os amigos que fez na faculdade, procure por eles e converse sobre sua procura por novos caminhos. Não esqueça de conversar também com seus ex-professores, pois eles serão ótimos guias para essa nova jornada. Ainda que ninguém consiga nada novo para você, todos os conselhos são importantes e devemos refletir sobre eles.*

De todo modo, escolher a profissão que queremos seguir é sempre um enorme conflito pessoal, por isso deixo aqui meus votos de muitas felicidades e sucesso na sua vida profissional. Minha última **dica** é: aconselho a confiar nos seus sonhos. Você pode até querer reprimi-los por um tempo, mas eles sempre voltarão. Você não pode esconder o que é, o que gosta de fazer e quem gosta de ser, então seja e corra atrás dos seus sonhos ao máximo. Tenho certeza que valerá muito a pena!

Data Venia, meu caro colega. Caso eu tenha dito algo do desagrado do senhor, não obstante, essas foram minhas primorosas experiências no meu curso de direito e me agradou em demasiado poder compartilhá-las. Boa sorte e sucesso!

DAS ENTREVISTAS

Nesse manual, eu contei um pouquinho sobre as minhas experiências na passagem por esse maravilhoso curso de direito. Mas, a fim de fazê-los se sentirem ainda mais representados, escolhi alguns amigos, uns já formados e outros ainda cursando, para trocarem seus aprendizados sobre a faculdade. Porque, se quisermos escutar, sempre encontraremos alguém com muito para dizer, ensinar, fazer-nos aprender, enxergar novas visões e pensar sobre novas opiniões.

Para não perder o hábito de sempre trazer aqui minhas experiências sobre a faculdade, a primeira entrevista será comigo mesma, a voz que vos fala.

As perguntas foram elaboradas por alguns de meus colegas de faculdade que estiveram comigo desde o início e estão até hoje.

Espero que gostem!

Juliana

1) Se você pudesse voltar alguns anos atrás, teria escolhido direito novamente? Por quê? Quais as dificuldades e alegrias que o direito já lhe proporcionou?

Embora eu ainda me faça essa pergunta, respondo que sim. Às vezes me pergunto se uma faculdade de letras ou psicologia não teria mais a ver com o que busco hoje, mas eu certamente não trocaria esses cursos pelas experiências que o direito me proporcionou.

O direito me possibilitou conhecer mais a sociedade e como ela é regida. Além disso, me fez ter uma capacidade argumentativa mais aguçada e abrir meus horizontes para enxergar além do que é visto imediatamente.

Eu digo sempre que fazer direito é conseguir argumentar e achar bons argumentos para os dois lados dos fatos; é entender que, na maioria das vezes, certo ou errado é questão de percepção; mas ainda assim não abandonar seus valores e o que você pensa. Ademais, é ter a capacidade de enxergar por todos os ângulos de uma mesma situação. Eu gosto muito disso, me sinto bem instruída e confiante para emitir uma opinião sobre política e sociedade. Me sinto bem com essa escolha.

Sobre as dificuldades, eu cito a mudança de vida que acontece de forma abrupta quando se sai do ensino médio e entra na faculdade, as crescentes responsabilidades e a falta de tempo, além de precisar saber organizar tudo. Quanto às alegrias, eu certamente menciono meus amigos, também o reconhecimento e o conhecimento infinito que o direito proporciona.

2) Quais as influências do direito na construção da pessoa que você é hoje?

Há muita influência à medida que o direito me fez medir mais as palavras, pensar antes de falar, ouvir mais e falar menos e estudar para emitir uma opinião. Eu era uma pessoa com muito menos filtros e muitas palavras desmedidas antes da faculdade. Às vezes não sabia como expor minha opinião e não reconhecia a importância de argumentar com fatos ao invés de hipóteses ou ideias. O direito me deixou com os pés no chão para uma discussão ou para a defesa de um ponto e me fez, até mesmo, respeitar mais as pessoas na hora de conversar, sejam as que têm opiniões contrárias ou as leigas, que não possuem conhecimento de caso.

3) Para você, o direito é, de fato, um instrumento de transformação social em um país desigual como o Brasil? A propósito, se sua opinião for favorável a essa ideia, de que maneira você já transformou ou pretende transformar a realidade alheia?

Certamente. No curso de direito, como eu sempre digo, você aprende a sempre ver os dois lados. Você sai da sua caixinha de pensamentos, do que acha certo ou errado, e se esforça para entender o outro ponto de vista. Diante da desigualdade do Brasil, esse pensamento faz-se necessário, pois você não só vê a sociedade com base nas suas experiências, como também enxerga a realidade dos outros indivíduos e entende a razão de ser de certas coisas. Vê a pobreza e a riqueza com olhos de observador, entendendo todos os pontos que convergiram para chegarmos num país tão desigual.

Minha transformação na sociedade ainda é muito pequena diante do tanto que imagino ser necessário. Eu tento sempre pautar minhas ideias em argumentos e fatos, de forma a levar conhecimento para as pessoas que me rodeiam. Futuramente, pretendo ser professora e acredito que, dessa forma, poderei ser ainda mais um instrumento de transformação social.

4) Quais eram os seus objetivos profissionais no início do curso? Eles mudaram ao longo do curso até o final? Se sim, o que a levou a mudá-los?

No início do curso, eu tinha como principal objetivo fazer concurso, mas essa era uma ideia meio sem pé nem cabeça, uma vez que eu não tinha fundamento para ela. Ainda não desisti dessa ideia, porém, hoje, entendo o motivo de ser um objetivo para mim.

No início da faculdade, eu tinha como grande meta ganhar dinheiro, ser rica. Talvez achasse que, por meio de um concurso público, eu fosse conseguir isso. Hoje, eu pretendo, além disso tudo, conciliar minha vida profissional com a pessoal e ser feliz não apenas na minha profissão. Viso transformar a sociedade através do ensinamento jurídico, chegando futuramente a ser professora universitária e acredito que esse tipo de mudança se deu com as próprias aulas, minhas experiências profissionais e, de um modo geral, com toda a experiência de mundo e de vida que fui adquirindo conforme os anos. Não me lembro de nada pontual que tenha me feito pensar de outro jeito. Já mudei bastante de aspirações profissionais desde que entrei na faculdade, mas tenho um enorme apresso pela escrita e por ensinar e quero seguir com isso ao longo da minha vida.

Direito

Ana Beatriz

1) Por que você escolheu direito?

Tenho que confessar que ser advogada nunca foi um dos meus sonhos de criança, mas sempre tive um senso de justiça muito forte dentro de mim e acredito que isso contribuiu para a minha escolha. Da mesma forma, também existiram outros fatores, como o mercado de trabalho e a questão financeira. Apesar dos cursos de direitos estarem um pouco sobrecarregados, pois são inúmeros bacharéis se formando a cada ano, o mercado para um formando nessa área é bem amplo e sempre há oportunidades, seja em escritórios, empresas, concursos ou até mesmo fora da área jurídica – por que não? Direito é um curso que te faz refletir muito sobre a sociedade de forma geral.

2) Você sente que foi a escolha certa?

Hoje em dia, essa é uma pergunta difícil de responder. Com tantas opções de cursos e tantas possibilidades, torna-se muito complicado afirmar que determinada escolha é a certa a ponto de descartar as demais. No entanto, hoje, formada e trabalhando na área jurídica, sinto que foi uma boa decisão. E mesmo não tendo a certeza de que não me imaginaria fazendo outra coisa na vida – que muitos profissionais, seja da área jurídica ou não, têm – sou feliz profissionalmente.

3) Você acredita que a sua vivência na faculdade, tanto no aprendizado de matérias quanto nas experiências durante os estágios, te ajudou a desenvolver de forma eficaz seu trabalho atual? Com o que você trabalha?

Atualmente, eu trabalho em uma empresa no mercado financeiro. Eu acredito que a faculdade e, principalmente, o estágio contribuíram bastante para o meu desenvolvimento profissional. Entretanto, especificamente quanto ao meu emprego atual, o estágio com certeza foi um diferencial e teve um peso maior do que as matérias na universidade. Isso porque muitos cursos de direito optam por focar mais a grade na prova da OAB ou em disciplinas clássicas da grade curricular, como Direito Penal, Civil, Constitucional e outras. Algumas matérias mais específicas, como Direito Bancário, de Mercado de Capitais e *compliance* ficam de lado. Em poucos casos, são oferecidas como eletivas, mas nem sempre estão disponíveis. Outra grande questão que eu vejo nos cursos de direito em geral é o fato da maioria ser muito mais teórica do que prática. Em minha opinião, isso dificulta um pouco quando chega a hora de realizar atividades práticas.

4) Como você vê o mercado de trabalho para um recém-formado em direito?

Esse assunto é muito temido por todos os estudantes. A preocupação de "entrar no mercado de trabalho" se torna mais um peso na vida dos formandos, o que causa diversas ansiedades ao fim da faculdade. A verdade é que nossa geração quer viver tudo no agora. O fato de um formando (que se mostrou dedicado durante todo o curso) não sair da faculdade com um emprego garantido gera uma frustração enorme. Contudo, ainda acredito que, mesmo com muitos recém-formados na área, sempre vai existir um espaço para quem corre atrás e se destaca de alguma forma (e isso não vai necessariamente ocorrer no tempo exato que planejamos). Acho importante ter isso em mente. É bem verdade também que, hoje, os profissionais estão cada vez mais qualificados, o que exige um diferencial do candidato. E, por isso, é importante saber se planejar e se organizar desde o início para aproveitar e buscar todas as oportunidades (sejam projetos, voluntariado, artigos para publicação, grupo de estudos, intercâmbio, empresa júnior...) que apareçam durante o curso. De alguma forma, elas darão experiências que agregarão muito para o recém-formado, tanto para o profissional quanto para o currículo. O segredo é não somente esperar a oportunidade, mas, principalmente, correr atrás.

Andressa

1) Como foi sua experiência estagiando na Defensoria? Você acredita que essa experiência te mudou de alguma forma?

Sobre o meu período na Defensoria, sem dúvidas foi a maior experiência que o curso de direito me proporcionou. Foi muito além de me ensinar Processo Civil e Direito de Família. Com esse estágio, me tornei uma pessoa melhor, pois me deparava diariamente com histórias de vida e de superação. Consegui aprender a me relacionar com o público "desconhecido" através dos atendimentos. Foi possível perceber a importância do advogado dentro de uma causa, do direito de acesso à justiça para todos.

2) Você agora trabalha como advogada de uma grande empresa. Esses sempre foram seus sonhos e objetivos desde o início da faculdade?

Lá no início, antes mesmo da faculdade, me via advogada, atuando em empresa. Só que, junto com isso, andava também a ideia de atuar na Defensoria que, diga-se de passagem, foi falando cada vez mais alto. Permaneci até o penúltimo ano da faculdade com essa vontade. Sentia que seria uma mistura de realização profissional e pessoal atuar lá. A vontade ficou ainda maior depois de um ano de estágio na Defensoria. No entanto, ponderando a vida de "concurseiro", o funcionalismo público e a crise do Estado, essa ideia ficou distante. E, depois da influência de um grande professor, resolvi me aventurar no mundo do contencioso tributário de uma grande empresa. Deixei a Defensoria e a PGE para trás e foi a melhor decisão que tomei. Nessa época, estava no 8º período da faculdade e, a partir de então, ser advogada de uma grande empresa se tornou o meu objetivo, que felizmente foi alcançado.

3) Quais suas próximas metas profissionais?

Minhas próximas metas profissionais são minha especialização em tributário, voltar a estudar inglês e desenvolver as minhas habilidades para apresentações em público.

4) Qual a área que você trabalha agora e por que você a escolheu para trabalhar?

Eu escolhi o Direito Tributário por influência de um grande professor. As aulas eram difíceis, mas chamavam a minha atenção e despertavam meu interesse. Elas eram dadas com muito entusiasmo, o que me contagiou. Escolhi também por achar que me proporcionaria grandes oportunidades para atuar em empresas, pois muitas possuem um jurídico tributário interno. Acredito ser uma área diferenciada, menos comum e valorizada.

Christine

1) Você sempre quis fazer direito? Como foi a escolha desse curso para você? Teve dúvidas?

Sempre quis fazer direito. Não tive dúvidas quanto à escolha do curso. Era realmente algo muito certo para mim, até mesmo por causa das disciplinas que tinha mais afinidade na escola e a vontade de debater o que era ou não correto, notícias etc.

2) Você acredita que a experiência da sua família no ramo do direito te influenciou na escolha do curso ou te ajudou de alguma forma no período de faculdade?

Acredito que a experiência da minha família tenha influenciado de certa forma na escolha do curso, por causa do interesse que as discussões jurídicas dentro de casa me despertavam. Essa experiência compartilhada me ajudou na faculdade, porque, quando tinha um tema interessante na aula, que abrangia posições divergentes na doutrina, costumava levar para meu pai para discutirmos, o que era algo recompensador.

3) Quais seus objetivos profissionais a longo prazo?

Meus objetivos profissionais a longo prazo são relacionados ao concurso público e magistério.

4) Você optou por não fazer estágio externo nos dois últimos anos da faculdade. Como foi essa experiência? Você acredita que ela influenciou de forma positiva ou negativa na sua vida acadêmica e profissional?

Optei por apenas estagiar na Defensoria durante um ano e depois por não fazer estágio externo. Acredito que tenha influenciado de forma positiva, de um lado, no âmbito acadêmico, porque pude me dedicar às matérias com a profundidade que gostaria e também por isso estar alinhado com o meu objetivo profissional. Por outro lado, considero que tenha sido negativo do ponto de vista profissional, devido à vivência prática.

Felipe

1) Se você pudesse dar uma dica aos novos estudantes de direito, qual seria?

A dica que eu daria a um novo estudante de direito, em primeiro lugar, é: saiba o que está fazendo; procure conhecer o máximo sobre o curso. Não entre no ramo por status ou remuneração, porque é uma das carreiras mais incríveis existentes, o leque de opções que proporciona é imenso, o grau de instrução quanto a praticamente tudo na sociedade também é enorme e isso faz dela uma área privilegiada.

Porém, a gente tem que entender que é algo muito sério. Você lida com pessoas, vidas, direitos, a dignidade dos seres humanos e a justiça contra um governo que muitas vezes reflete o que há de pior na nossa sociedade, então não entre sem saber todas as vertentes, as boas e as ruins. Sabendo que a justiça, por mais que nossas leis sejam boas de uma forma geral, protetivas do direito do homem e do cidadão, nem sempre é instrumento de direito e nem sempre cumpre seu papel, que é o de lutar contra essas distorções e falhas provocadas por diversos fatores, desde a corrupção até a má-fé das empresas e pessoas. Lutar contra tudo isso, contra um sistema falho e desleal, se é que podemos caracterizá-lo assim na sociedade brasileira, é uma obrigação do advogado e do operador da lei como um todo. Então, saiba onde você está pisando; saiba que você é um instrumento de transformação da sociedade a partir do momento que ingressa num curso de direito e se propõe a atuar nesse mercado. Ao mesmo tempo, vá em frente, estude e aproveite ao máximo se você tem certeza que é isso que você quer, porque o ele te exige demais; vira uma parte da sua vida mesmo. Então, estude, dedique-se e seja o melhor que você puder ser, porque, da mesma forma que te cobra, ele recompensa.

2) Como você se vê profissionalmente daqui a dez anos?

É difícil fazer previsões quase apocalípticas sobre nós mesmos. Dez anos é um período que considero muito amplo e que tudo pode acontecer.

De modo geral, eu me vejo seguro. As seguranças financeiras e profissionais são muito importantes para mim, então pretendo pautar todas as minhas escolhas daqui em diante com base na segurança, seja advogando ou como funcionário público. Mas, ao mesmo tempo, eu tenho comigo a certeza de que quero transformar vidas. A advocacia me permite isso, e se eu estiver advogando, estarei muito feliz daqui a dez anos. Porém, eu acho que a maior forma de transformar vidas hoje em dia, no nosso país, a forma mais direta, em que também somos "bem recompensados" por isso, ainda é através de um concurso público. Então, eu pretendo estar num lugar onde possa fazer isso; ser um agente de mudanças. É nesse lugar que quero me encontrar daqui a dez anos.

3) Como é conciliar a vida acadêmica e a pessoal? Namorar atrapalha a faculdade?

Essa pergunta é muito interessante, mas varia de acordo com cada pessoa. A forma como ela lida com a vida, com as pessoas as quais se relaciona etc.

Eu sou invariavelmente um *nerd*. As pessoas me caracterizam dessa forma, embora eu não saiba se é tão verdade assim. Mas a realidade é que eu gosto de estudar coisas relacionadas ao direito, então conciliar a vida acadêmica e a pessoal numa faculdade como essa, em que você é muito exigido, é realmente difícil.

No início da faculdade, nos primeiros períodos, por exemplo, nós tínhamos muitos trabalhos a serem apresentados em intervalos pequenos e obrigações de trazer exercícios de casa, pesquisar notícias e estar antenados com a jurisprudência em matérias específicas. Algumas disciplinas exigiam muito pelo amplo volume de conteúdo não só no início do curso, mas durante todo ele. Às vezes eu acreditava ser humanamente impossível dar conta de todo aquele conteúdo que estava na minha frente e do volume de matéria que surgia aula após aula. Isso me exigia sempre estudar, então minha rotina de estudo incluía tirar algumas horas do meu dia para essas matérias de maior dificuldade, já as que eu me sentia mais tranquilo, dava menos atenção e foco.

Com isso, eu passava bastante tempo estudando, principalmente para as matérias com maior carga de conteúdo ou que eu tivesse maior dificuldade; e as duas semanas antes da primeira prova eram sempre mais atribuladas. Nesse período, eu me separava dos meus compromissos e me focava em estudar toda a matéria. Fazendo resumo, treinava bastante a fixação. Com isso, havia prejuízos na minha vida pessoal, então é fato que eu deixei muitas vezes de ir a confraternizações de família e de sair com a minha namorada para poder estudar, porque não estava muito confiante no meu desempenho. Existem algumas abdicações que têm que ser feitas, mas essas não eram rotineiras. Vez ou outra eu precisava pesar o que era mais importante e adequar a minha rotina ao compromisso que eu tinha naquele dia com minha carga de estudo, meu lazer e meu descanso.

Assim, essa carga de estudo muito grande faz com que a vida social tenha prejuízos, mas não é nada que não se possa pesar com aquilo que para você é realmente importante, como o aniversário de algum parente etc.

Quanto ao namoro, eu sou mais tranquilo. Sair, balada, não é muito meu foco, não vou dizer que nunca faço isso, porque é saudável, mas não sou "baladeiro", então namorar para mim vale muito a pena e eu encontrei uma companheira que me ajudou muito na faculdade inteira, que foi muito paciente. Assim, a **dica** é: se for para namorar, namore com alguém que entenda e apoie sua dedicação aos estudos e a carga que você tem como acadêmico de direito. Esteja seguro que aquela pessoa vai entender o nível de estudo que você precisa para ter uma boa formação. Isso vale até para a vida. Tenha um parceiro que te compreenda; eu tive essa pessoa. Comecei a namorar no 2º ano de faculdade, no 3º período, e continuo até hoje, após formado, ou seja, passei a maior parte da faculdade namorando e foi muito tranquilo para mim. Foi até melhor, porque um programa de casal é, eu acho, mais sossegado do que balada, etc.

4) Qual foi sua matéria preferida na faculdade? Você trabalha com ela agora?

É difícil responder, porque tudo no direito para mim é necessário e importante. Mas isso não quer dizer que eu goste de todas as matérias, como Direito Empresarial; eu dava o meu melhor, estudava, mas não me fazia amar estudar. Porém, isso era exceção, pois eu gostava de praticamente tudo.

Tenho um carinho muito grande por Direito Civil, que eu vi desde o início da faculdade até o último período, com todas as suas subdivisões. Estudá-la me dava prazer. Para mim, todas as matérias de Direito Civil eram legais e é algo que eu lido muito hoje. Responsabilidade civil, contratos, família e sucessões são casos que, como advogado, atualmente tenho visto bastante.

Gostei muito também de Direito Penal Econômico, que foi minha matéria *crush*, vamos dizer assim, e foi importante, porque estagiei numa empresa pública federal, o BNDES, que foi meu primeiro e único estágio ao longo da graduação. Eu estive no Banco vivendo Direito Civil e numa gerência que lidava especificamente com Direito Penal Econômico.

Eu estagiei no BNDES de 2015 a 2017, no auge da Operação Lava Jato, e o BNDES esteve "no olho do furacão". Estar ali naquele período foi fantástico, pois era como ter uma aula na faculdade e trazê-la para o trabalho. Inclusive meu tema de monografia foi voltado para o Direito Penal Econômico e pautado na minha vivência no BNDES. Então, é uma matéria que eu amei e é minha preferida na faculdade. Mas hoje, infelizmente, não atuo com ela, pois é um nicho de mercado muito pequeno que tem sido dominado por instituições públicas e escritórios seletivos demais, centrados em defender políticos. Esse não é o caso do escritório que trabalho nesse momento, mas é uma área de mercado que me identifico e que pretendo fazer parte em breve.

Katarine

1) Qual sua matéria predileta na faculdade? Por quê?

Para ser sincera, eu não tenho uma matéria predileta. Eu gosto de estudar um pouquinho de tudo, mas sem ter aptidão maior para nenhuma área. Mas, se eu tivesse que escolher alguma área, seria empresarial ou administrativa, porque são matérias que eu gosto de ler com mais frequência.

2) Você acha que um professor bom ou ruim pode contribuir para o aluno se identificar mais com alguma matéria?

Um bom professor ajuda muito na formação e na vida acadêmica de um aluno. Quando algum professor chega com um conhecimento aprofundado sobre um assunto, ideias novas e uma forma diferente de aplicar a aula, o aluno se identifica com aquilo e isso ajuda muito na hora de estudar.

3) Você sempre buscou estágio em áreas do direito com as quais se identifica na faculdade?

Eu comecei a fazer estágio no 2º período da faculdade e acho que na verdade nunca procurei nenhum que seja baseado numa área específica. Mas acho que é válido, porque sempre se tem uma aptidão para certa área. E se você pretende trabalhar com um determinado assunto, vale a pena fazer um estágio com foco nele.

4) Você já sabe o que pretende fazer quando se formar?

Não sei o que vou fazer quando eu me formar, mas comecei a faculdade pensando em fazer concurso, depois pensei em trabalhar com a área privada e agora estou na dúvida. Mas acho que concurso público é sempre melhor por causa da estabilidade, então acho que vale mais a pena; ainda não sei.

Paula

1) Por que você escolheu cursar direito? Teve influência familiar?

Em parte. Fui bem influenciada por meu pai, que é advogado e queria garantir um futuro que tivesse segurança profissional. Por outro lado, escolhi porque gostava muito de ler e escrever. Mas tinha pouco conhecimento sobre a carreira em si quando optei.

2) Hoje em dia, você acredita ter feito a escolha certa cursando direito? Pensa em fazer uma nova graduação?

Acredito que não exista escolha certa, nem exata. Hoje, vejo que não era o curso dos meus sonhos, mas consigo enxergar também como eu aprendi e evoluí pessoal e profissionalmente ao longo do tempo com o trabalho e como isso me fez colher frutos. Sobre esse assunto, acho que devemos pensar mais objetivamente sobre carreira e de maneira prática mesmo: pela minha experiência, vejo que nenhum trabalho é exatamente aquilo que você idealiza e o que me traz realização pessoal é executar o trabalho que faço dedicando meu melhor. Já pensei em fazer uma nova graduação, mas concluí que seria melhor para minha carreira continuar na área em que atuo e investir na minha formação.

3) Quais dicas você daria para um estudante de direito para enfrentar de forma mais leve a fase da OAB e do TCC?

Na fase da OAB, eu diria para a pessoa focar em estudar, repetindo provas anteriores, mas para encarar de maneira mais leve e se permitir também ter momentos de lazer e uma boa quantidade de horas de sono. Sobre o TCC, eu diria que uma boa dica seria tentar conseguir um orientador que acompanhe o trabalho de perto e passe uma boa base de leitura. Isso traz mais segurança na hora de escrever. Você terá uma bibliografia forte e o máximo de estudo e leitura possível sobre o assunto.

4) Você acredita que o desempenho acadêmico está diretamente ligado ao sucesso profissional?

Acredito que desempenho acadêmico esteja relacionado sim ao bom desempenho profissional, mas o sucesso em si é relativo para cada um, por definição. Sucesso, para mim, deve ser sempre um objetivo, mas existem pequenos momentos de êxito, e não um lugar final para se chegar. O ideal é que consigamos sim aproveitar nossa formação acadêmica ao máximo para poder aplicá-la na prática. Porém, o trabalho pode ser muito distante do que estudamos; depende da área e do que você faz (se advoga, se é um consultor etc.). É sempre bom mantermos isso em mente. Prática de trabalho e conhecimento acadêmico, para mim, caminham juntos.

Thais

1) Por que você escolheu o curso de direito? Teve alguma influência ou pressão familiar que te levou a fazer essa escolha?

Minha irmã é advogada e até foi uma preocupação dela se eu não estaria escolhendo a carreira por uma influência dela, o que não era o caso.

Escolher a carreira da sua vida aos 16/17 anos é uma decisão bastante precoce e, certamente, eu não tinha a dimensão e a noção exata do que era o direito. Lembro de estar bastante confusa. Porém, fiz algumas orientações vocacionais que apontaram para a área de humanas e ele sempre figurava entre as primeiras opções.

Outro momento que me influenciou foi um debate no 2º ano do ensino médio. O colégio nos dividiu em dois grupos e em uma data determinada tivemos que apresentar nossos argumentos e pontos no auditório para alunos e pais. Havia possibilidade de perguntas do público, assim como do outro grupo. Essa dinâmica sobre defesa do argumento me encantou e acho que foi o ponto decisivo para a escolha do direito.

2) Quais matérias você mais se identificava no período de faculdade? Trabalha com alguma delas hoje em dia?

Sempre gostei muito de Direito Civil. Fiz a prova da OAB nessa matéria, estagiei durante a faculdade e até advoguei na área depois de formada.

No final da faculdade, me encantei com o Tributário e é o que trabalho atualmente.

3) Você já trabalhou em escritório e optou posteriormente por trabalhar em uma empresa de consultoria tributária. Quais motivos te levaram a fazer essa mudança?

Conheci o Direito Tributário já no 9º período da faculdade. Nessa época, estava no escritório e achava que seria um fracasso absurdo não ser efetivada. Segui no Direito Civil e fui efetivada no escritório, mas fiquei com essa ideia do Direito Tributário na cabeça.

Achava que mudar de área dentro do escritório não seria possível, porque eu não tinha experiência, então comecei a buscar uma porta de entrada. Foi aí que uma amiga me falou sobre o processo seletivo de uma Big Four, fiz e entramos juntas.

Hoje em dia, vejo que foi uma ótima decisão. Acredito que, para a área tributária, ter experiência em uma Big Four é bastante positivo, mas as razões que me motivaram a sair do escritório não fazem sentido para mim hoje. É óbvio que um advogado Jr. não vai ter experiência e essa cobrança não deveria existir. Quando você escolhe a sua carreira aos 16/17 anos, é natural que não acerte de primeira a área que te faça feliz. Você está descobrindo a carreira e amadurecendo como profissional. Acredito que deveria haver uma preocupação maior dos gestores nesse sentido com os profissionais Jrs. Menos exigência de trabalho pronto e mais preocupação no desenvolvimento e formação do profissional.

4) Como você se vê daqui a dez anos? Tem planos diferentes para o futuro?

Acho bem difícil e vago responder essas perguntas com prazos (risos). De toda forma, imagino que com a carreira mais consolidada, provavelmente com um mestrado e na área tributária.

Thayná

1) Você teve dúvidas na escolha do curso de direito? Chegou a se candidatar para outros cursos?

Sim. Me candidatei para os cursos de jornalismo e publicidade antes do direito.

2) Como foi a experiência da OAB para você?

Uma experiência bem difícil, pois é uma prova que exige, a meu ver, uma grande preparação, tanto em relação ao extenso conteúdo quanto no que tange a prova em si, além de como deve ser realizada para a almejada aprovação; tudo em conformidade com os moldes de aplicação da FGV.

3) Qual foi seu tema de monografia e como você o escolheu?

O tema escolhido para a monografia foi "A intervenção da mídia nas decisões do Tribunal do Júri". A escolha se pautou na minha preferência durante todo o período da faculdade pelas matérias de Direito Penal e Processo Penal, além de ser um tema atual e significativo, ainda mais na sociedade em que vivemos, na qual a prática de crimes dolosos contra a vida está se tornando algo rotineiro. Então, quis levar para a banca uma pequena discussão sobre os crimes de maior repercussão no tribunal do júri (extremas barbaridades) e como a mídia influencia de alguma forma no julgamento desses delitos.

4) Você teve alguma influência da sua família para a escolha do curso do direito?

Sim. Tive grande influência da minha mãe, que havia concluído direito na mesma época em que estava decidindo sobre qual carreira seguir profissionalmente.

Outros cursos

Janaína: Direito e Engenharia Agrícola e Ambiental

1) Por que você escolheu o curso de Direito?

Eu tinha mais afinidade com as matérias de humanas e, por isso, achava que direito seria mais fácil para mim.

2) Por que você escolheu largar o curso de direito e começar outra faculdade?

Larguei a faculdade porque não me via exercendo a profissão e não gostaria de me tornar uma profissional infeliz.

3) Você se arrepende de ter começado a faculdade de direito?

Não me arrependo, pois foi por causa de uma matéria feita no curso que descobri o que eu realmente queria fazer.

4) Como você está se sentindo no seu novo curso?

Por mais que esteja fora da minha zona de conforto em relação às matérias, eu sinto que realmente encontrei o que eu quero fazer.

Juan: Ciências da computação e Meteorologia

1) Por quanto tempo você cursou sua primeira faculdade até fazer o vestibular e passar para meteorologia?

Eu fiz meu primeiro ENEM no terceiro ano do ensino médio. Eu estava com 16 anos e prestei ciências da computação. De início, eu não consegui passar no SISU, que abre no primeiro semestre, então entrei no pré-vestibular e fiquei até a metade do ano, quando abriu o SISU para o segundo semestre, eu consegui passar para a UFRRJ em ciências da computação.

Então, larguei o pré-vestibular, entrei na faculdade e fiquei durante um ano, do segundo semestre de 2013 até o primeiro semestre de 2014.

Como eu estava incomodado com a distância que tinha que percorrer para chegar até a faculdade, no final de 2013, prestei vestibular novamente para a UERJ, também para ciências da computação, no primeiro semestre de 2014, eu não passei, mas fui aprovado no segundo.

Fiquei na UERJ por um ano e meio, até que percebi que não era a distância até a UFRRJ que tinha me incomodado, mas o curso que me deixava insatisfeito.

Foi então que em 2015 prestei vestibular de novo e fiz o ENEM sem saber o que queria. Durante esse tempo, pesquisei bastante sobre outros cursos e conversei com um amigo que estava fazendo meteorologia. Pesquisei muito e fui em frente, até porque eu queria mesmo fazer UFRJ. Entrei no início de 2016 e estou até hoje lá.

2) Você se sente realizado com seu novo curso?

Sim, eu me sinto bastante realizado, tanto no quesito acadêmico quanto no ambiente da faculdade. Lá eu me senti muito acolhido logo no primeiro dia pelas pessoas que conheci. Não só pelos amigos que eu já tinha de outras universidades, pré-vestibular e ensino médio, mas eu me sentia acolhido tanto pelos veteranos quanto pelos professores. Foi um ponto muito positivo que eu não senti na UERJ, por exemplo.

No quesito curso de meteorologia, lá eu encontrei vários aspectos que a meteorologia não aborda, mas gostei bastante, tanto que entrei para um laboratório em 2018 para Iniciação Científica e adorei, porque me fez ficar mais próximo da minha orientadora. Temos uma barreira aluno-professor, que não tem muito sentido, mas que vem desde o fundamental, na escola. Com a pesquisa, me aproximei dela e de muitos outros professores. Com isso, me aproximei de todos, veteranos, calouros, até mesmo pessoas de outros departamentos próximos. Então foi algo muito positivo em comparação às experiências que eu tive nas outras faculdades.

Assim, sinto que tudo que tenho feito tem me dado um retorno, seja profissional ou até mesmo pessoal; mesmo as disciplinas que tenho muita dificuldade e que já até reprovei, isso me aproximou de pessoas com as mesmas dificuldades. Então, de modo geral, não só o curso, a própria universidade me estimulou a continuar.

3) Como você vê o mercado de meteorologia no Brasil?

Eu participei recentemente do dia do meteorologista, no Departamento de Meteorologia da UFRJ, pois faço parte do Centro Acadêmico e o tema foi a meteorologia nas empresas. Levamos vários profissionais da área, que atuam em diferentes companhias. Houve a participação de meteorologistas da Infraero, Marinha, Defesa Civil, empresas de equipamentos... Foram vários profissionais para explicar um pouco da vivência deles, e o que a maioria fala é que a meteorologia está sofrendo com a crise geral do Brasil, mas nem tanto, pois diferente do que o senso comum acha, que meteorologia é ir no jornal apresentar a previsão do tempo, ela atua em muitas áreas, desde a própria previsão do tempo até nas áreas de energia, agrometeorologia, parte hídrica, e consultoria também, além da área acadêmica e de pesquisa, tanto em universidade como em empresas. O mercado está sim decaindo, mas não teve uma queda brusca como em outros cursos, que é o caso da engenharia, por exemplo. O mercado ainda é próspero, pois há uma gama bem grande de opções, o que é muito bom.

4) Você já pensa sobre a sua vida profissional quando terminar a faculdade? O que sente sobre isso? Já tem planos?

Sim, já pensei, mas eu não tenho a resposta, porque estou pensando mais no agora, em correr atrás das matérias que estou atrasado. Estou participando de atividades além do curso, como o Centro Acadêmico, que exigem um pouco mais de dedicação e procuro sempre fazer com perfeição, então tento não pensar só no futuro.

O meu plano, por enquanto, é terminar a graduação o quanto antes para fazer um mestrado e doutorado, que na minha área são muito importantes, até mesmo para conseguir um emprego melhor. Por isso, estou tentando focar mais nessa parte de valorização do meu currículo. Porém, caso surja uma oportunidade de estagiar e, posteriormente, ser efetivado ou ir para uma empresa, irei agarrar, pois infelizmente esse não é um momento de muita escolha. Mas não é o meu foco agora, até porque já me foram apresentadas várias opções de trabalho, logo não é uma coisa que me assusta tanto. Além do mais, é um momento que vai exigir mais dedicação, e eu, por enquanto, não tenho essa dedicação disponível.

Letícia: Turismo e Produção Cultural

1) Você já é formada no curso de Turismo e agora faz outra faculdade. O que te fez querer começar outro curso?

Durante o curso de turismo, eu percebi as áreas que tinha mais afinidade e as que eu queria trabalhar. Como eu gostei bastante da área de eventos, decidi fazer produção cultural, que é o curso que eu estou agora.

Eu percebi que produção cultural tinha muito mais a ver com o que eu queria trabalhar do que o turismo, que é uma informação que eu não sabia quando prestei o vestibular. Naquela época, as coisas não eram muito claras a respeito do que você trabalharia quando adentrasse um curso. Foi só mais à frente que eu descobri isso e aí tomei essa decisão de entrar em outro curso depois de me formar em turismo.

2) Você é feliz com a sua primeira graduação? Se arrepende de ter feito turismo?

Não diria que sou feliz e nem que sou triste, mas certamente não me arrependo, pois minha primeira graduação me ajudou a amadurecer, a me descobrir como profissional. Tive experiências muito boas e conheci pessoas maravilhosas, isso profissionalmente me ajudou muito. Mas, o que eu digo, é que o olhar que eu tinha de turismo, quando entrei, era totalmente diferente. Eu gosto muito da área, mas infelizmente o mercado não é valorizado e descobri isso já no curso. Não me arrependo, tenho vontade de trabalhar na área, mas fazendo uma mistura entre a produção cultural.

3) Você acredita que o curso que está fazendo agora é o que sempre quis?

Eu acredito que meu curso atual é o que eu sempre quis, porque, quando entrei no vestibular, eu não sabia direito o que era cada curso, mas o que eu tinha certeza era que eu queria trabalhar com eventos e com cultura. Na época, eu pensei em direito, jornalismo, comunicação social e turismo. Apenas muito depois eu descobri produção cultural. Pesquisando e conhecendo pessoas que faziam esse curso, percebi que era isso que eu queria fazer, que na verdade foi o que eu sempre quis. O que me faltou no ensino médio e no pré-vestibular foi entender o que cada curso fazia de uma forma mais prática, o que eu só pude perceber durante a graduação mesmo.

4) Você considera o apoio dos pais importante para a tomada dessa decisão de começar uma nova faculdade?

Eu acho de extrema importância, pois, se não tivesse apoio dos meus pais, eu não estaria fazendo essa segunda graduação, nem a primeira, porque apesar de ter estudado em uma universidade federal, os custos de passagens e alimentação são muito caros. Então, sem eles, eu não teria realizado minhas graduações.

A maioria dos pais não apoiariam uma segunda graduação. Eu nem estava planejando ter o apoio deles; pensava em encontrar um trabalho, mas não consegui. Meus pais abraçaram a ideia e me apoiaram, apesar de não gostarem muito da minha escolha. Sem eles, eu não estaria aqui, não teria como ir até a faculdade nem almoçar fora nos dias que preciso. Eu até consegui uma bolsa nessa nova universidade, mas ela não é suficiente para suprir todos os gastos, então, sem eles, eu estaria trabalhando até mesmo fora da minha área, porque o mercado de turismo também está ruim.

Moacir: GASTRONOMIA

1) Por quanto tempo você tentou medicina até decidir seguir seu sonho e cursar gastronomia?

Eu terminei o ensino médio em 2012, com 16 anos, e, a princípio, queria fazer engenharia química, mas em 2012 também foi a época em que comecei a me aproximar mais da minha irmã, que é médica formada. Eu ia às vezes com meu pai no hospital e minha irmã estava lá atendendo, então ficava um pouco com ela e conversava. Nisso, eu comecei a ter mais interesse por medicina, assim, fiquei de 2013 até 2017 fazendo vestibular. Foram cinco anos, até eu decidir quebrar essa corda que me unia à tradição da família em fazer medicina, pois, embora sempre tenha gostado dessa área de biomédica, eu não queria ser médico. Acho que esse processo de me aproximar mais da minha irmã e do meu pai e de terminar o ensino médio e prestar o vestibular me fez acreditar que eu queria muito ser médico, mas isso não era verdade.

Em 2017, comecei a estudar sozinho culinária. Comprei vários livros de confeitaria e cozinha clássica e passei a trocar as horas de estudo do vestibular para estudar sobre cozinha. Acabei decidindo fazer gastronomia, pois sabia que ia me dar bem, já que eu gostava bastante. Só o fato de trocar o estudo do vestibular pelo estudo da cozinha era um sinal muito grande que deveria fazer aquilo. Então decidi fazer o vestibular em gastronomia.

2) Como foi a reação da sua família?

A princípio, meus pais tentaram muito mudar minha cabeça e fazer com que eu prestasse vestibular por mais um ano, dizendo que eu já tinha tentado tanto tempo e agora ia trocar, que eu tinha que pensar muito porque essa escolha iria mudar o meu futuro para sempre. Só que todos os argumentos usados eram relacionados à esfera financeira e foi o tipo de coisa que não me comprou.

Eles viam a gastronomia como uma opção de hobby. Mesmo que primeiro eu fizesse medicina e depois gastronomia, nunca aceitariam como uma opção real, primeira e principal.

Eu não contei para os meus pais que eu ia colocar gastronomia no ENEM, mas botei no SISU e passei. Quando eu disse que ia fazer, minha mãe disse que não. Ela ficou um bom tempo insistindo nisso, tentando me impedir de seguir em frente, chegou a ficar duas semanas sem falar comigo. Meu pai não falava muita coisa, ele é mais fechado, então só me chamava para conversar e tentar me convencer mais uma vez em continuar tentando medicina. Mas, no final, eu me matriculei em gastronomia e estou cursando, embora perceba que até hoje eles são um pouco resistentes. Minha mãe se esforça muito para me dar apoio, mas não gosta.

Além disso, quanto ao resto da família, todos acharam muito legal e me apoiaram, inclusive disseram que já imaginavam que eu seguiria o ramo da gastronomia. Sempre perguntam como está a faculdade, o que eu faço e como é. Eles se mostram muito empolgados com a faculdade e também com o que faço. Quando tem evento em casa, costumo preparar alguma coisa. Até mesmo conversando, eles gostam de saber da parte cultural e social da cozinha, pois a gente não cozinha apenas, tem essa carga cultural que também é estudada.

3) Você pretende fazer intercâmbio durante a faculdade? Acha que isso ajudaria sua jornada profissional?

Tenho muita vontade de fazer parte da minha formação no exterior, mas como é um curso muito novo na UFRJ (abriu em 2011), a gente não tem muita turma formada e nem um reconhecimento muito grande. Apesar de que as temos progredido bastante no que tange ao reconhecimento do nosso curso. Então, até onde eu saiba, ainda não tem um programa para estudar fora do país. Sei é que poderíamos fazer mestrado, mas só em Portugal, porém não teria bolsa.

O que eu tenho vontade de fazer é o curso de bacharelado em gastronomia da Universidade Federal de Pernambuco, inclusive uma das minhas professoras se formou lá. Na grade, há algumas disciplinas que não são focos da UFRJ, a parte de química e bioquímica de alimentos, por exemplo, e isso me interessa muito, porque queria que o meu mestrado fosse nessa área de tecnologia e química de alimentos. Então, estou começando a procurar maneiras de como posso puxar essas matérias e fazer com que entrem no meu currículo, até mesmo ir para lá para cursá-las. Mas não tenho isso concretizado ainda, porém acredito que me ajudaria, pois pretendo fazer mestrado e pós-graduação.

4) Quais seus planos para quando se formar?

Depende do que eu ver nos estágios, pois podemos estagiar tanto em gestão, quanto na produção, ou seja, na cozinha em si, mas eu gosto mais dessa parte de produzir.

Assim que eu me formar, pretendo arrumar um emprego e fazer um mestrado na área de tecnologia de alimentos ou ciência de alimentos na UFRJ. Na Escola de Química e no Instituto de Química, eles abrem possibilidade de fazermos mestrado nessas áreas, também há a USP e a UNICAMP, mas essas exigem uma prova de química orgânica e terei que estudar a matéria no nível superior praticamente sozinho para poder me candidatar nas vagas de São Paulo. A princípio, também tenho o objetivo de ir morar em São Paulo, porque lá é onde se concentra mais a rede gastronômica do Brasil, tanto no que tange à inovação quanto aos restaurantes bem conceituados.

Então, eu pretendo ir para São Paulo para fazer meu mestrado e, posteriormente, sendo possível, ir para o exterior, de preferência para a Itália ou França, para ter uma experiência de mercado lá. Até porque eu gosto da arte de confeitaria e tenho muita vontade de ir para Lenôtre, se fosse possível.

Paulo Guilherme: MEDICINA

1) Você acha que seus familiares podem de alguma forma ter influenciado na escolha do seu curso?

Minha decisão em cursar medicina foi muito precoce. Com cerca de 10 anos manifestei minha escolha. Penso, então, que meus familiares me influenciaram mais a não desistir. Nem sempre a influência foi de modo mais confortável, por vezes o pensamento em mudar de escolha era rechaçado de forma muito enérgica. Porém, o nascimento da escolha veio de mim.

2) Quantos anos você tinha quando começou a faculdade? Você, agora, olhando para trás, sente que estava preparado?

Tinha 18 anos quando me matriculei e, com toda certeza, não estava preparado. Era muito jovem, imaturo, com uma mentalidade ainda de colégio e ensino médio. Não fazia a mínima ideia do que viria à minha frente; tudo que aconteceu a partir da matrícula foi um mundo novo. Não só pelo curso, mas por estar um uma universidade.

3) Descreva em poucas palavras o que é a faculdade para você e cite algumas das coisas que considera importante um acadêmico saber ao iniciar um curso de graduação.

A faculdade seria uma preparação para entrar no mercado de trabalho de uma determinada área. O momento em que o indivíduo entra em contato com o máximo de informações possíveis de uma carreira e direciona seu futuro de acordo com as afinidades e caminhos trilhados na graduação.

O que um acadêmico deveria saber? Que seu curso de graduação está te preparando para trabalhar, que a mentalidade escolar deve ser deixada para trás e o foco deve ser estar pronto para usar seus conhecimentos em um emprego. Imagino, inclusive, que essa informação teria feito diferença quando ingressei, assim como fez para quem compreendeu isso ao iniciar a graduação. Quem entra na faculdade deve estar ciente que o aprendizado não envolve melhores notas, mas sim aplicar esse conteúdo nas funções do emprego que entrar.

4) Você acredita que amadureceu no decorrer na faculdade? Isso tem a ver com o curso de medicina, com a faculdade em si ou com suas experiências pessoais externas ao ambiente acadêmico?

Amadureci muito. Há uma disparidade entre o indivíduo que entrou e o que sairá em breve. Isso tem a ver com todas essas vertentes: a faculdade, o curso de medicina e as experiências pessoais fora desse ambiente tiveram formas de me modificar. Penso que a faculdade, como um todo, te mostra uma quantidade imensurável de realidades novas, independente do curso. Imagino que seja a principal modificadora de quem sou como universitário e como pessoa.

Pedro: Medicina Veterinária e Medicina

1) Qual sua primeira formação? Por que você decidiu fazer uma nova faculdade e como foi para a sua família quando tomou essa decisão?

Minha primeira formação é em medicina veterinária, me formei na Universidade Federal de Viçosa, em Minas Gerais.

Eu decidi fazer uma nova faculdade por vários motivos. Eu já estava desmotivado com medicina veterinária por questões de remuneração e ligadas à própria carreira. Eu tinha feito faculdade cinco anos longe de casa e não queria mais continuar com essa distância. Lembro de ter voltado para casa depois da formatura e olhar para os meus pais e ver um casal de velhinhos, eu perdi o envelhecimento dos meus pais. Por mais que os visse esporadicamente, eu não os acompanhei. Eu não queria ficar mais longe da minha família, e como eu queria veterinária de cavalos, aqui no Brasil não há um bom mercado nessa área.

Conversando com minhas irmãs e meu cunhado, decidi fazer residência nos Estados Unidos. Se eu decidisse não seguir com a veterinária, pelo menos seria uma boa experiência de intercâmbio; então fui. Mas, chegando lá, eu tive um ano muito complicado. Fiquei um ano na Califórnia trabalhando com cavalos e sempre em contato com pessoas bem ricas, todos republicanos do interior, por causa disso, sofri muito racismo. Eu era o único negro em quilômetros, ainda mais tratando cavalos e brasileiro, então foi bem complicado.

Além disso, a clínica que eu estava me exigia bastante. Eu fiquei de plantão o ano inteiro e, combinado com o acidente que sofri, no qual tomei um coice no peito, rompendo o bíceps do braço direito, eu fiquei bem mal. Sentia muita falta de casa e também não fiz amigos lá, pois não me sobrava tempo para isso. Não tinha tempo para sair e as pessoas que eu me relacionava eram apenas da clínica. Enfim, foi bem complicado.

Eu tinha feito uma outra seleção no Canadá e uma no Kentucky. Passei na do Kentucky, que era um dos maiores hospitais de cavalo do mundo. Fui selecionado e chamado, mas não pude ir por uma questão de visto. Depois fui para o Canadá, fui selecionado e cheguei a assinar o contrato, mas eu já estava no Brasil, pois a residência nos Estados Unidos tinha terminado. Com isso, três semanas antes de ir, eu desisti, aí já comecei a estudar para medicina.

O motivo de estudar para medicina é porque esse curso me oferecia uma carreira e remuneração melhor; e eu me sentia mais importante, pois na veterinária não sentia que fizesse diferença para as pessoas. Por mais que eu saiba conscientemente que eu fazia diferença, porque estava cuidando de um bem tão precioso quanto um membro da família para alguns e, para outros, também um bem econômico, visto que um cavalo vale milhões e há alguns que são extremamente valiosos, mesmo achando isso importante, eu não me sentia importante, e a medicina poderia me proporcionar isso.

Para minha família, essa foi uma decisão simples. Meu pai me disse para fazer o que preferisse, pois sabia que eu daria o meu melhor, e disse que estaria ali para dar o suporte que eu precisasse. Meu pai, que sempre foi mais rigoroso, teve essa atitude, já minha mãe ficou um pouco mais desesperada e não queria falar sobre o assunto, talvez na expectativa de que se eu não falasse sobre isso, não aconteceria, até que um dia corri 15 km de tanta ansiedade, cheguei em casa e falei com meus pais.

2) Você se sentia infeliz com a sua primeira graduação? Sente-se feliz agora?

Sim, eu me sentia muito infeliz com a minha primeira graduação. Eu não me sentia importante.

Infelizmente, misturei o meu hobby, que sempre foi cavalos, pois sempre gostei muito de animais, cavalos e cachorro, com a minha profissão, e aí não deu certo. Agora eu me sinto completamente feliz e realizado. Eu amo a medicina e amo poder ajudar as pessoas com o meu conhecimento, não me preocupando com remuneração, pois eu não preciso ter muito e sei que esse curso vai me proporcionar uma vida confortável sem ficar pensando o tempo inteiro em dinheiro. Então, posso me concentrar em ajudar as pessoas.

Sei que é clichê dizer que quero salvar vidas, mas eu entrei na medicina não só por isso, porém hoje eu me vejo salvando vidas. Eu quero ser bombeiro por causa disso, porque quero salvar vidas.

3) Qual você acredita ser a principal importância das relações interpessoais (o chamado *networking*) para o mercado de trabalho?

A maioria dos empregos você conhece por causa do networking. Claro que chega um ponto em que você tem que ter capacidade e qualidade técnica.

As pessoas que sabem se relacionar, conversar, que conhecem os indivíduos certos e estão nos lugares certos e nas horas certas se destacam e têm mais oportunidades.

É por isso que, durante a faculdade, eu não foquei só no curso, fui da Atlética para manter contatos, mas porque eu gosto também. Portanto, eu acredito que, conhecendo as pessoas e sabendo conversar, a forma como você se expressa e se comunica, tudo isso é extremamente importante, e se não é a coisa mais importante, tem um grande papel nas nossas relações interpessoais, no ambiente de trabalho, em casa e em qualquer lugar.

4) Você sentiu alguma diferença de tratamento por seus colegas e/ou professores de faculdade por ser mais velho que os demais alunos e já ter uma experiência de outra graduação?

Com certeza. As pessoas me encaravam de uma forma diferente, já esperavam que eu fosse maduro e inteligente por ter feito veterinária, que eu fosse um excelente aluno, tivesse as melhores decisões e soubesse o que fazer sempre, mas, ao mesmo tempo, não conversavam comigo da mesma forma que conversavam com seus iguais na turma. Eu não era um igual, era diferente.

As pessoas não eram as mesmas comigo porque achavam que eu era diferente. Por exemplo, uma menina que era muito mais nova que eu chegou no quarto período de faculdade e disse: "você é o máximo! Eu sou sua fã!". Eu nunca tinha conversado com ela, que nunca tinha escutado uma palavra da minha boca em uma conversa, e como ela chegou a essa conclusão? Pelas minhas notas? Até podia ser, mas ela simplesmente assumiu isso. Outras pessoas simplesmente não conversavam comigo, pois achavam que eu era de outro mundo. Eu estava deslocado ali, e por elas acharem que eu era diferente, fiquei muito isolado.

Já os professores não. Professores na faculdade de medicina são muitos impessoais, não têm muita proximidade. Alguns que tive mais contato, mais proximidade, quando souberam que eu tinha feito veterinária, me deram mais oportunidades de falar, me escutaram mais. Eles saberem não foi uma coisa negativa, mas isso também não era tão frequente.

Veronica: Turismo e Dança

1) Por que você escolheu no decorrer de um curso de turismo iniciar o curso de dança?

Eu já tinha pensado em fazer faculdade de dança antes, porém não passei no vestibular e, como não queria perder mais tempo, entrei em uma universidade particular para cursar turismo. No ano seguinte, fiz ENEM novamente só por fazer e passei para licenciatura em dança no turno da noite na UFRJ (depois mudei para bacharelado). Como uma faculdade era no turno da manhã e a outra no turno da noite, e sem falar que dança era minha primeira opção, resolvi fazer as duas.

2) Como conciliar duas faculdades?

Por incrível que pareça, não foi tão difícil. Eu fazia a faculdade de turismo de manhã, ia para o estágio e à noite para a faculdade de dança. Como eu que montava a grade, dava para organizar e assim não ficava tão puxado.

3) Qual seu maior sonho profissional?

Para ser sincera, eu já mudei de sonho tantas vezes que hoje em dia não tenho a menor ideia qual seja.

4) Você tem apoio da sua família nas suas escolhas profissionais? Como é lidar com a opinião dos outros?

No início, foi difícil, mas minha mãe sempre soube que eu gostava de dançar e, depois que passei para a UFRJ, ela tem me apoiado bastante.

Acho que melhorei nesse quesito, porque eu me importava muito com a opinião alheia, mas hoje em dia não penso tanto assim. Agir pensando no que vão falar ou até mesmo se comparar com os outros não é saudável. Acho que é um processo de autoconfiança. A vida é sua, então não precisa de ninguém falando o que você tem e o que não tem que fazer, e quando você está confiante não pensa tanto no que os outros vão falar. Afinal, vai ter sempre alguém melhor ou pior que você, alguém que vai amar ou odiar o que você faz. Não dá para agradar a todos e a vida é assim, por isso temos que nos conhecer, saber no que somos bons e no que não somos para melhorar cada vez mais. Temos que ter fé no que somos capazes de fazer para não surtar e tudo desmoronar quando vier alguma crítica.

5) Como você acredita ser o mercado de trabalho em ambos os cursos que você faz e como superar as adversidades que podem surgir?

Turismo tem muitas áreas, porém vejo mais vagas na área hoteleira. Na área de dança é um pouco mais complicado, pois arte não é tão valorizada. Quando é, tem que ter contato para trabalhar no meio.

Yasmin: MATEMÁTICA E CINEMA

1) O que fez você escolher o curso de cinema?

O curso não é muito você que escolhe, é algo que se mostra para você, é como algo que você precisa fazer.

Sempre me interessei muito por essa área e sempre foi um universo que esteve muito presente na minha vida, então foi o mais normal e natural escolher esse caminho.

2) Seus pais apoiaram quando você decidiu trocar o curso de matemática por um curso considerado por muitos "fora dos padrões"?

Antes de entrar para matemática, quando eu estava decidindo qual curso queria fazer, eu tinha escolhido cinema e não recebi nenhum tipo de apoio ou incentivo deles. Mas, quando eu resolvi trocar de curso, eles já sabiam dessa minha vontade e apoiaram do jeito deles, sem colocar empecilhos, mas também sem me incentivar. É importante saber do que pode se estar abrindo mão...

3) Comparado aos outros países, o curso de cinema é pouco valorizado no Brasil. Você pretende seguir carreira fora do país?

Cinema é pouco valorizado aqui porque não te exige o ensino superior para trabalhar com isso. Tem emprego no Brasil, mas o único problema é que há muito freelance e não se tem muita estabilidade, porém isso é uma característica da carreira e acredito que fora do país esse aspecto seja parecido.

Sim, eu tenho vontade de viver em outros países, mas não exatamente seguir carreira. Pode ser que eu siga meu caminho lá ou continue com minha carreira aqui. Não sei ainda o que vai ser, essa porta está aberta e tenho que pensar em todas essas possibilidades antes de me formar e decidir a melhor escolha.

4) Como é conciliar faculdade, estágio e vida pessoal morando a duas horas da faculdade?

É difícil conciliar todas as coisas, pois não tenho tempo para fazer tudo. Estou sempre muito cansada. Eu saio com meus amigos cansada, vou para a faculdade cansada, estagio cansada. Faço tudo da minha vida cansada, mas faço. Faço cansada, porém feliz por estar fazendo aquilo, porque eu consigo fazer a faculdade que eu gosto, que amo. Tudo bem que posso ser pobre e não ter o retorno que eu tinha quando fazia matemática, mas sou feliz fazendo isso e é o que importa. Eu não me arrependo e não fico o dia inteiro dizendo que não quero essa vida, eu não me sinto assim. Só sinto que gostaria de tornar o meu curso melhor; agregar, não mudar nada.

CONSIDERAÇÕES FINAIS

A faculdade é realmente uma experiência única e vivê-la intensamente é meu maior conselho.

O direito é vocação, amor e dedicação. Ainda que eu espere que este Manual possa ter ajudado você a entender melhor as peculiaridades dessa nova jornada e faça com que se sinta um pouco mais preparado para todas as aventuras, os desafios e as alegrias que estão por vir, nada no mundo poderia explicar o que é fazer parte desse Mundo Jurídico.

Então, mesmo que você tenha certeza ou ainda morra de dúvidas sobre o que esperar da faculdade, entre de peito e mente aberta. Você pode se apaixonar e talvez até se frustrar com algumas coisas, mas não desista se isso for o que realmente quer.

Muitas vezes, em determinadas situações, você pode duvidar de suas escolhas e pensar em desistir, achando que aquilo não é para você, mas saiba que é você quem constrói o seu caminho, o seu rumo, a sua história e a sua felicidade.

O direito será parte do seu caminho de sucesso, então não deixe que nada ou ninguém impeça isso, se é o que deseja. Saiba que sempre haverá dias piores que outros, testes e momentos difíceis na sua jornada, seja no curso de direito ou em qualquer outro, mas não desista daquilo que você deseja.

O início da faculdade costuma ser bem difícil, não pela quantidade de matéria ou pelas responsabilidades, mas por ser algo novo e diferente. Tudo que é novo nos assusta, todavia. tudo que é novo passa a ser velho em pouco tempo. Saber lidar com os medos, desafios e adversidades faz parte do que é crescer.

No decorrer da faculdade, os problemas já passam a ser outros. A relação com as pessoas, as cobranças, as responsabilidades, tudo isso às vezes pesa e nos deixa um pouco sufocados. Porém, sempre tente tirar de situações ruins lições valiosas, como o próprio aprendizado que você tirará das situações, até mesmo se for o caso de não dever mais repeti-las daquela maneira.

Com o passar dos semestres, o medo do fim também é verdadeiramente assustador, porém não postergue sua brilhante jornada por medo. Pode ser que você tropece, mas saiba sempre se levantar.

Eu sei que terão dias em que você simplesmente se sentirá perdido no meio das opções e que parece que nada te agrada, ou tudo te agrada de forma similar. O direito é assim; muitas opções e caminhos. Da mesma forma que ajuda, o fato de se ter sempre tantas possibilidades pode atrapalhar.

No entanto, não tenha pressa e lembre-se sempre que o tempo do outro não é o seu. Você não precisa saber hoje o que quer para amanhã, pode sim viver hoje e descobrir que errou ou que só viver foi a melhor escolha que fez. Nada precisa ser eterno e nada é imutável.

Se permita errar, acertar e mudar de opinião ou de caminho. Não ache que tudo está perdido por causa de um dia ou uma fase ruim.

Sei que aqui eu narro as minhas experiências sobre a faculdade e que você viverá muitas outras, às vezes até de forma bem diferente de mim. Espero que as entrevistas com variadas pessoas, de diversas experiências acadêmicas e profissionais, possam ter feito você perceber o quanto somos diferentes uns dos outros e o quanto pensamos e temos sonhos divergentes. Sendo assim, optamos por caminhos diferentes.

Saiba que nem tudo precisa ser como está escrito aqui. O que eu desejo e quero mais que tudo é que você seja realizado com o seu curso, a sua faculdade e a sua vida profissional, pois nenhum caminho é errado, mas certo é aquele que te leva a ser feliz.

Siga seus sonhos e seja bem-vindo ao Mundo Jurídico, doutor. Prepare-se, pois tudo está só começando!

INFORMAÇÕES SOBRE NOSSAS PUBLICAÇÕES
E ÚLTIMOS LANÇAMENTOS

- editorapandorga.com.br
- /editorapandorga
- pandorgaeditora
- editorapandorga